大展好書　好書大展
品嘗好書　冠群可期

自序

《一百首籤詩解析》，是集合了陰陽、五行、歷史典故，以文字與天干合體形成。現今台灣廟宇，最為普通的是六十甲子與一百首籤詩。而一百首籤詩的字意較深，且大都是一些較深奧的字意，除非解籤者的國文程度不錯，要不然也要略懂歷史典故的過程，才知道百首籤詩的解釋與用意。一般抽籤都會直接問廟公，那就要考驗廟公的解籤功力了。

本書的特點，是配合籤詩故事典故與五行運轉整理出來，使信眾抽到此籤後能略知一二，簡單、明白、快速就能了解自己目前的運程與目的。

有一事要提醒信眾，抽籤與卜卦每人祗能問一事，如要問不一樣的事，要另外再抽籤。例如：求婚姻、時運、事業、功名、健康。祇問一事，這樣準確性才會高。

在此本人盡一份心力與見解，給解籤者和信眾一愚之見，還盼同道先進，賜與指正。

二〇一〇仲秋

編著者：林虹余台灣省屏東縣人
現任：林虹余地政士事務所
曾任：高雄市命理研究會理監事
高雄市命理研究會紫微斗數學術委員兼任講師

著作：

1.六十甲子籤解秘訣（王家）
2.斗數畫人生（大展）
3.綜合易卦姓名學（大展）
4.圖解手掌機密（大展）
5.易經六十甲子籤解探究（大展）
6.陽宅一得（久鼎）
7.面相一得（久鼎）

目錄

目　錄

第一籤——漢高祖入關（上吉）

甲　甲

巍巍獨步向雲間
玉殿千官第一班
富貴榮華天付汝
福如東海壽如山

⊙解曰

功名	榮耀門第	疾病	日漸康安
官司	順理可解	家運	閤家平安
求財	緩行可得	出外	四方得利
婚姻	百年合好	事業	鴻圖大展

【歷史典故】

漢高祖姓劉名邦，字季，沛人也，其時秦法苛暴天下皆叛，楚人項羽起義立懷王孫心，高祖率沛中子弟，以從諸侯，兵皆西鄉回功，秦約以先入關者王之，獨高祖先入秦關除苛法，與父老約法三章，秦民大悅，秦王子嬰素車白馬出軹道以降。

東坡解	碧仙註
雲間獨步 拔萃超群 名登甲第 談笑功勳	月裏攀丹桂 成名步玉墀
終身光顯 皆天所相 祿厚壽高 意稱謀望	求謀皆稱意 萬事定無疑

【解說】

此籤謀事有望。遂意。但各有所主。官員占此，有高升之喜。士人有光明之象。問前程者，步步高升。問事業者，基業永固。問求財，緩行可得。為語多空虛也。

1.貴人：在東南方。

2.失物：往西北方找。

3.問病：肺、鼻、大腸、肝等症狀。

第二籤──張子房遊赤松（上吉）

甲	乙
盈虛消息總天時	若問前程歸縮地
自此君當百事宜	更須方寸好修為

⊙解曰

功名	成功可期	疾病	心情病癒
官司	訟宜和解	家運	安吉無憂
求財	財帛平平	出外	慎重妄動
婚姻	宜爾宜家	事業	順其自然

【歷史典故】

子房名良，韓國公曰博浪沙，事後匿下邳遊，履上遇衣褐老夫墮屨，命取良跪進之，老父曰孺子可教，越五日授以太公兵法，謂後十三年濟北穀城山下黃石，即我也後良佐高祖定天下，封留侯因感鳥盡弓藏，謝病歸入白雲山，師事黃石號赤松子。

東坡解	碧仙註
萬事乘除 隨時而處 否極泰來 事無齟齬	禍福從天降 心仁萬事宜
能保則吉 更當修為 切莫妄動 萬福來宜	若還無妄作 災散福消除

【解說】

前運不佳。礙手礙腳。從此以後。漸見光明。若問究竟如何。而需存心種德。方得成實。倘值境過遂意。頓忘前因。心術不正。必至有始無終。不可不慎歟。

1. 貴人：在東南方。
2. 失物：西南方尋找。
3. 問病：肺、呼吸系統、皮膚等症狀。

第三籤——賈誼遇漢文帝（中吉）

甲
衣食自然生處有
勸君不用苦勞心

丙
但能孝悌存忠信
福祿來成禍不侵

⊙解曰

功名	利在其中
疾病	病可治癒
官司	順理可解
家運	清吉可安
求財	順其自然
出外	和氣致祥
婚姻	配合不吉
事業	宜謹守住

【歷史典故】

漢賈誼洛陽人，文帝時河南守吳薦之時，為博士年二十餘，超遷歲中至大中大夫請改正朔興禮樂，上治安策降灌等，毀之出為長沙王太傅，誼既適去渡湘水作賦弔屈原，論者謂賈生王佐才遇漢文明主，終不大用卒悲傷而死豈非天意乎。

東坡解	碧仙註
富貴前定　何須強求　徒勞心力　反致傷憂 事親待人　動合循理　天必佑之　有泰無否	隨緣安分　直道而行 心中無愧　自然和平

【解說】

宜守舊。不可貪求妄為。存中直。即得兩平。順以孝悌忠信為本。福祿自然來。若強取強求。反招意外之災。占者循理安份守己。

1.貴人：在東北方。

2.失物：往西方尋找。

3.問病：心血管疾病、血壓、腎方面症狀。

第四籤——小秦王三跳澗（下下）

甲		丁	
去年百事頗相宜	若較今年時運衰	好把瓣香告神佛	莫教福謝悔無追

⊙解曰

功名	名利未通	疾病	病症托纏
官司	無訟為貴	家運	祈求神助
求財	求財阻滯	出外	旋途受阻
婚姻	未能如意	事業	空費心力

【歷史典故】

小秦王即唐太宗李世民，我劉武周時被其部將尉遲恭所迫，三跳澗而逃，幾乎不免，幸遇秦叔寶救之。

東坡解	碧仙註
先凶後吉　時運將否　謀事無成　頓非前此 乘誠禱神　以求福祉　若無遠慮　悔無及已	好事連綿過　時衰禍漸來 頂天並拜地　庶可保無災

【解說】

事吉己去。凶禍將臨。官事臨身。是非將到。凡事謀望不成。求財交易不成。所為皆不利。宜祈禱神明。行動立德。庶不致於後悔之。

1.貴人：正東方。

2.失物：西北方尋找。

3.問病：脾、胃、眼、頭部症狀。

第五籤——呂蒙正守困（中平）

甲

子有三般不自由
門庭蕭索冷如秋

戊

若逢牛鼠交承日
萬事回春不用憂

⊙解曰

功名	大器晚成	疾病	靜養可痊
官司	順理可成	家運	清吉平安
求財	財祿耗損	出外	得意平平
婚姻	謹慎處理	事業	等待時機

【歷史典故】

宋呂蒙正是聖初河南人，父龜圖與母不合，並蒙正老逐之，時貧甚投跡龍門寺，僧鑿山巖為龕禁足不出，守困此，年太宗時舉延試第一二歷相府以直道自持，拜太師致仕歸累封許國公卒謚文穆。

東坡解	碧仙註
榮枯有時 不由人力 泰運將享 終於否極 月日子丑 凡事皆吉 如木遇春 轉見榮益	事有不如意 當存忍耐心 時來皆順受 福至禍無侵

【解說】

先憂後喜。現主意不定。進退維谷。此景甚為冷落。等牛鼠交承日。遠應年分。近應月日。自有新氣象。如春來萬物皆生。此前大不相同。凡事等候時機。終有成就。

1.貴人：在西方。

2.失物：西北方尋找。

3.問病：肺、胃、膽、瘡毒症狀。

第六籤——相如完璧歸趙（下下）

甲　巳

何勞鼓瑟更吹笙
寸步如登萬里程
彼此懷疑不相信
休將私意憶濃情

⊙解曰

功名	妄想無益	疾病	病症拖纏
官司	事多阻礙	家運	門庭冷落
求財	難遂所願	出外	不宜變動
婚姻	配合不吉	事業	憑空歡喜

【歷史典故】

戰國藺相如趙人也，時趙有良璧，秦請易以十五城，相如奉璧入秦，而秦負約相如，將璧先使舍人懷歸，以理折服秦王完璧歸趙，相如在趙秦終不能勝趙。

東坡解	碧仙註
凡事勞心　有退無進 謀望不成　懷疑不信 求合未合　將圓未圓 只宜守己　不宜變遷	兩下心平　中間却好 先義後利　庶幾可保

【解說】

陽謂之為君子。陰為小人。須防有面背是非之人。抽到此籤。各互相猜忌不信。前此濃情。今已突變。何用私意繫戀。自尋煩惱。凡事撥開迷妄則吉。

1.貴人：南方。

2.失物：西南方尋找。

3.問病：胃酸過多、下腹、消化道症狀。

第七籤——洞賓煉丹（大吉）

甲	庚

仙風道骨本天生
又遇仙宗為主盟
指日丹成謝巖谷
一朝引領向天行

⊙解曰

功名	心善必昌	疾病	病可回春
官司	和為貴事	家運	清吉可安
求財	利路亨通	出外	和氣致祥
婚姻	心專自成	事業	奮鬥有利

【歷史典故】

唐呂喦字洞賓，天寶十四年四月十四日巳時生，自號純陽子，由進士授江州德化縣令，私行廬遇鍾離真人，授天仙劍法得九九數學金丹之術，居深山中煉丹，丹成長生不老，多往來湘鄂間，滕守宗諒嘗遇諸岳陽樓自稱華州道人。

東坡解	碧仙註
天生富貴　況得神助　凡骨成仙　昇騰雲路 庶人遇貴　財物皆聚　百事大吉　何必疑慮	問病三日內　須逢好手扶 若還求富貴　雲路是亨途

【解說】

貴人吉之，有提拔之喜。士人占之，有飛騰之兆。庶人占之，有百倍之利。方外占之，有仙昇之期。病患占之，有醫學之緣。亦恐有正反應不同。占者審之。

1. 貴人：西北方。
2. 失物：東北方尋找。
3. 問病：肝、呼吸、痔、皮膚症狀。

第八籤——大舜耕歷山（上上）

甲 辛

年來耕稼苦無收
今歲田疇定有秋
況遇太平無事日
士農工賈百無憂

⊙解曰

功名	努力成功	疾病	虔誠求治
官司	喜報佳音	家運	清吉可安
求財	求則得之	出外	祿生四方
婚姻	心專自成	事業	公平利市

【歷史典故】

帝舜有虞氏瞽叟之子，父頑母嚴弟象傲，舜事親盡孝小杖則受大杖則走，恐陷親不義也，其耕於歷山有象為之耕，有鳥為之云後受帝堯禪位。

東坡解	碧仙註
凡事求謀 昔否今泰 時運將亨 有喜無害 士農工商 悉逢嘉會 財物倍收 普均內外	時否今逢泰 尤當要守成 不論貧與富 自此盡亨通

【解說】

宜安份守己。前雖不如意。今會轉好。如田疇。亦有豐收。幸在光天化日之下。士農工商。共享昇平。凡事安順自然。時日以秋季為斷。

1. 貴人：在西南方。
2. 失物：往西方尋找。
3. 問病：大腸、經絡、小腸、精血症狀。

第九籤——宋太祖陳橋即位（大吉）

甲　壬

望渠消息向長安
常把菱花仔細看
見說文書將入境
今朝喜色上眉端

⊙解曰

功名	勤者有功	疾病	調治留神
官司	和為貴事	家運	清吉平安
求財	良心得意	出外	春回四方
婚姻	喜遇良緣	事業	盡力經營

【歷史典故】

宋太祖趙匡胤仕局為檢點，世宗崩子恭帝立僅數歲，奉命往伐河東兵至陳橋，部下將士以主幼政亂勸太祖即位，初不許後乘太祖醉臥以黃袍加體，乃引兵回東，受周恭帝禪位。

東坡解	碧仙註
謀望已久　忽得好音　音書到手　喜在目今 利有攸往　財獲千金　所謀遂意　凡事稱心	行人若失望　只在三日至 自去自回歸　不出百日內

【解說】

謀為之事。旦夕喜信。消息已到。若問行人，一日夕即至。問婚姻和合。疾病回頭。士子科名捷報。仕官得位升遷。問前程。即見好消息。

1. 貴人：東北方。
2. 失物：西南方尋找。
3. 問病：十二指腸、肝、筋骨、頭部症狀。

第十籤——冉伯牛染病（下下）

甲 癸

病患時時命蹇衰
何須打瓦共鑽龜
直教重見一陽復
始可求神仗佛持

⊙解曰

功名	名利阻滯	疾病	祈求平安
官司	須避官非	家運	祈求神恩
求財	不能順利	出外	守家為上
婚姻	不能成功	事業	得不償失

【歷史典故】

周冉耕字伯牛魯人，孔門弟子以德行稱有奇疾將死，孔子甚惜之曰，斯人也而有斯疾也，後世追封鄆公。

東坡解	碧仙註
命運多蹇　疾病連綿　但宜修省　托庇蒼天 直須冬至　禱神方痊　凡百謀望　作事必全	無妄過凶災　陰人口舌來 一亦生日後　漸漸福緣開

【解說】

前途不佳。大意暗然。凡有前惡。須宜求神懺悔。若問病或訴訟。冬至後方可。不然莫解。若作非為。禍患即到。占者此籤守分修持可保安。

1. 貴人：在北方。
2. 失物：西北方尋找。
3. 問病：肺、眼目、膀胱症狀。

第十一籤——韓信功勞不久

乙	甲
今年好事一番新	誰識機關難料處
富貴榮華萃汝身	到頭獨立轉傷神

⊙解曰

功名	時機不就	疾病	災難大凶
官司	須避官符	家運	難得安寧
求財	不能順利	出外	慎重處理
婚姻	配合不吉	事業	空費心力

【歷史典故】

漢韓信淮陰人，佐漢高帝定天下，虜魏破趙降燕下齊滅楚，建十大功勳，初封楚王，高祖深忌其能後偽遊雲夢，執歸降封淮陰侯乃不自損，抑務伐己功致有殺身滅族之禍，亡年僅三十二歲，雖有功勞不久於世。

東坡解	碧仙註
命運難亨　亦不如意　吉中有凶　事實無濟 切莫貪求　出外不利　如或妄動　福消禍至	作事須宜慎　人心隔肚皮 用心防算險　百事自合宜

【解說】

先吉後凶。先實後虛。先熱度後落陷。先稠密。後妬害。識途機關。順平氣忍受。善自解脫。不可急躁生事。獨立傷神。明是小人結黨。君子守正。孤立無與。靜以需之。困可亨。否可泰。反此則凶。

1. 貴人：在東南方。
2. 失物：往西南方尋找。
3. 問病：腸、胃、肝功能、疝氣症狀。

第十二籤——蘇武牧羊（中平）

乙　乙

營為期望在春前
誰料秋來又不然
直遇清江貴公子
一生活計始安全

⊙解曰

功名	求利較晚	疾病	探望醫術
官司	理真取勝	家運	安份得福
求財	難遂所願	出外	徒勞心志
婚姻	忽過勉強	事業	守成勿濫

【歷史典故】

漢蘇武子子卿，杜陵人天漢初以中郎將使匈奴被留，吃雪咽氈杖節牧羊，居海上十九年得還，拜典屬國宣帝立賜爵關，內候圖形麒麟閣。

東坡解	碧仙註
作事遲疑　求財未遂　臨江貴人　望之如意 萬一他求　徒勞心志　且謹踐修　以俟時至	求名遲　財未至　病改醫　訟最忌 行人歸　孕生貴　顯宦遇　方吉利

【解說】

幾番謀望。事與願違。屢次相左。然遇合有定。須在清江之地。或水旁姓名之人。必有格外投契。一生靠著此人。可保生計安全。以當關夙緣。不可以有意求。只可以無意遇。莫之為而為。莫之致而致。靜以俟之可矣。

1. 貴人：東南方。
2. 失物：往西南方尋找。
3. 問病：肝臟功能、小場、精血症狀。

第十三籤——姜太公釣魚（上吉）

乙	丙

君今庚甲未亨通
且向江頭作釣翁
玉兔重生應發跡
萬人頭上逞英雄

⊙解曰

功名	等待時機	疾病	安心治病
官司	正則無事	家運	安份得福
求財	財祿候機	出外	得利便回
婚姻	隨緣結合	事業	利祿守舊

【歷史典故】

周姜尚字子牙汲人，先世封於呂亦曰呂望，避紂亂居東海之濱，釣於磻溪文王聞其賢聘為師，後周伐紂興周武王稱曰尚父，封其子丁公於齊。

東坡解	碧仙註
命運當蹇　凡事疑遲　且宜守舊　藏器待時 年與月日　逢卯則宜　或遇望日　方稱所為	孕男婚不成　守舊莫紛更 不貪與不妬　平安福祿生

【解說】

此籤告訴當事人。時運未亨通。不可輕舉妄動。你現在好比周朝的姜太公。垂釣於渭水之河。等待那月亮光芒的時候。就是你的大好時機。可成為萬人的英雄了。

註：玉兔重生。可解逢卯年（即是兔年或望日）卯月圓為佳或是二月份亦佳。

1. 貴人：西南方
2. 失物：往西北方尋找。
3. 問病：肺和大腸有關、腎、膀胱症狀。

第十四籤——郭華戀王月英（下下）

乙

一見佳人便喜歡
誰知去後有多般

丁

人情冷暖君休訝
歷涉應知行路難

⊙解曰

功名	不須妄想	疾病	災難難消
官司	陰謀有損	家運	難得安寧
求財	難遂所願	出外	人困馬乏
婚姻	相尅難成	事業	空費心力

【歷史典故】

胭脂記宋郭華洛陽人，往汴京赴試，因戀胭脂鋪女王月英之美，落第不歸羈留汴京與之約期私會，屆期月英至值郭華酒飲過醉，推擠不醒乃解曰鞋藏華懷中，而回華醒時見鞋悔恨仰吞而死，是何為出門不知，過欲者戒焉。

東坡解	碧仙註
事望團圓　反生齟齬　人多不情　恐難憑據 只宜自省　無為他誤　戒之戒之　且疑且慮	乍喜反成憂　虛花總不收 世情多反覆　守己是良謀

【解說】

見到一個天生麗質的女子就一見鍾情。誰知事後且有多少風波。人情冷落。世態凄涼。人生的道路是嶇崎不平。有高崗也有深谷。任何人未到達成功之日。必穿越艱辛的一段。這首籤詩是告訴當事人有先喜後憂之兆。希望處事應加以謹慎。

1.貴人：東南方。

2.失物：正西方尋找。

3.問病：精神系統、眼目、肝臟症狀。

第十五籤——張君瑞憶鶯鶯（中平）

乙　戊

兩家門戶各相當
不是姻緣莫較量
直待春風好消息
卻調琴瑟向蘭房

⊙解曰

功名	官途必遲	疾病	醫藥留意
官司	事多阻礙	家運	恐累家門
求財	遭遇不佳	出外	碌碌徒勞
婚姻	心專自成	事業	空費精神

【歷史典故】

唐張拱字君瑞，因事出蒲東寄寓普救寺寺，之西廂有崔氏母女居焉，即君瑞之中表親女名鶯鶯有絕色，會值流寇之亂，崔母許以如能保護願將女妻焉，君瑞出偽護持乃免於難，後崔母背盟君瑞思憶成病，識者謂其不出道所致也。

東坡解	碧仙註
兩意未合　宜於待時　防憂與慮　謹慎愆非 真待來春　萬事方件　若或妄動　徒勞心懷	兩家未合　百事難諧 門戶可慮　猷恐成乘

【解說】

男女婚嫁。門當戶對。看似機緣。終成反覆不定。這種婚姻宜加謹慎。等到來年的春天。百花齊放。有適當的對象。再來談談。嫁娶之事吧。

1. 貴人：在四方。
2. 失物：往西方尋找。
3. 問病：肝、十二指腸、四肢症狀。

第十六籤——王祥臥冰（下下）

乙己

官事悠悠難辨明
不如息了且歸耕
旁人煽惑君休信
此事當謀親弟兄

⊙解曰

功名	空費心機	疾病	症狀拖纏
官司	事多阻礙	家運	門庭冷落
求財	財運不佳	出外	人困馬乏
婚姻	謹慎處理	事業	空費心力

【歷史典故】

晉王祥字休徵臨沂人，性至孝事繼母極恭，謹母欲食生魚，天寒冰凍祥赤身臥於冰上求之，其冰立解得雙鯉持歸，人以為孝感云後官至太保進公爵。

東坡解	碧仙註
訟事未決　且宜從和　傍人煽惑　平地風波 慎勿輕信　自投網羅　謀之兄弟　誰能奈何	埋頭莫向前　時違休怨天 貴人垂手援　亨通到百年

【解說】

此籤如果問訴訟最為不利。也是無法辦出什麼是非來。不如大家坐下來和解。停止不必要紛爭。勿聽別人的謠言或煽動。免得無故起風波。見機警惕自己。不可執迷。親情一致。自有利益。

1.貴人：在南方。

2.失物：往西北方尋找。

3.問病：肺、氣管、口、鼻、喉痛症狀。

第十七籤——石崇被難（下下）

乙 庚

田園價貫好商量
事到公庭彼此傷
縱使機關圖得勝
定為後世子孫殃

⊙解曰

功名	妄想無益	疾病	藥良病安
官司	事多阻撓	家運	但求平安
求財	貪多反少	出外	和氣致祥
婚姻	配偶不合	事業	知足可樂

【歷史典故】

晉石崇字季倫為城陰太守，伐吳有功封安陽鄉侯，財業豐積室宇宏麗，庖膳窮水陸之珍，與王愷以奢靡相尚後，為交趾採訪此有美女名綠珠，以珍珠十斛買之藏於金谷被趙王倫窺見，乃以計害崇冀得綠珠，及崇被難綠珠墜樓而死。

東坡解	碧仙註
事依本分　自有前程　若用機關　反害其身 如作交易　當合人情　倘或妄作　難保安寧	交加二字必虛勤　若問財時必見侵 凡事只宜退一步　須知守己得安寧

【解說】

買賣田園。務必好好的商量。買賣交易應有進有退，才能圓滿的解決。何必意氣用事傷和氣。對薄公堂。到最後兩敗俱傷。縱然為此事使用權謀打贏了官司。也會留給世代子孫無窮的禍害。

1. 貴人：東北方。
2. 失物：西北方尋找。
3. 問病：小腸、血液循環、尿黃、心臟症狀。

第十八籤——孟嘗君招賢（中平）

乙 辛

知君指擬是空華
底事茫茫未有涯
牢把腳根踏實地
善為善應永無差

⊙解曰

功名	名利未至	疾病	修養消災
官司	風波無阻	家運	安份得福
求財	現運平平	出外	必慎出外
婚姻	勿過奢求	事業	知足可樂

【歷史典故】

戰國孟嘗君姓田名文嘗，謂其父田嬰曰家累萬金門，下不見一覽者，後其父卒孟嘗君立在落招，致諸侯賓客及亡人有罪者，皆歸焉孟嘗君舍業厚遇之，以故傾天下之士，其時門下食客數千，無分貴賤一與文等。

東坡解	碧仙註
作事未成　空自指擬　且宜緩圖　急則損己 更宜向善　禱神求安　轉禍為福　可免多端	本分兩字到處諧　虧為妄想便生災 財源未遂徒勞力　且宜向善保亨來

【解說】

閣下的計劃很多。但是不合實際。如曇花一現。水中之月。浮華不存。所做的事情容易出錯。如果不能腳踏實地。必要自我了悟。痛改前非。一心向善。才能轉禍為福。災難不降。當會財利滿盈。子孫獲吉。

1.貴人：西南方。

2.失物：往東方尋找。

3.問病：肺、和大腸有關、與排泄有關症狀。

第十九籤——劉智遠得岳氏（上吉）

乙 壬

嗟子從來未得時
今年星運頗相宜
營求動作都如意
和合婚姻誕貴兒

⊙解曰

功名	官司	求財	婚姻
成功在望	從心所欲	利路可通	天緣佳偶
疾病	家運	出外	事業
日漸康安	闔家平安	四方俱利	利市可期

【歷史典故】

劉智遠沙陶人，初為節度使，岳彥真軍校時彥真奇其相貌以女妻焉，後仕晉為邠州太原節度，契丹滅晉中原無主，智遠乃即帝位改國曰後漢，仍稱天福而不改元。

東坡解	碧仙註
久困沉埋 時通今泰 作事有成 名利俱快 更無阻滯 宜為買賣 士人由之 前程遠大	時來時去有其時 但要平心任所為 自此謀為皆遂意 孕生貴子時宗枝

【解說】

多年流年不利。運途未通。你已沈滯很久。今已否極泰來。從今起。好的運氣來了。扶搖直上。從此事業都會順暢。婚姻美滿。生貴子。是個好兆頭。

註：抽得此籤，不如意、倒霉，將一掃而空。

1.貴人：往西南方。

2.失物：往西北方尋找。

3.問病：主筋骨、動怒傷肝症狀。

第二十籤——嚴子陵登釣臺（下下）

乙　癸

一生心事向誰論
十八灘頭說與君
世事盡從流水去
功名富貴等浮雲

⊙解曰

功名	妄想無益	疾病	另找名醫
官司	事多阻礙	家運	門庭冷落
求財	財運不佳	出外	人困馬乏
婚姻	勿過奢求	事業	空費心機

【歷史典故】

漢嚴光字子陵餘姚人，少有高名與大武同遊學，及光武即位遂變姓名隱身，不是帝令物母訪之，後齊國書云有一男子裘釣灣中，帝疑為光遣使聘之，三反乃至除諫議大夫不屈耕，富春山帝遂其志為建釣臺，東漢高士稱第一焉。

東坡解	碧仙註
凡事未決　且宜緩圖　時勢縱吉　未有神扶 凡事退省　終保無虞　更加修福　可履亨圖	險人求險地　說話險心腸 有人牢把作　凶事得安康

【解說】

此籤表示你今孤立無助。坎坷人生。宜早提防。雖大勢已去。很難挽回。惟有達觀應變。毋復繫念。心胸放寬。一切付之東流吧。不要把功名利祿看太重。就當做浮雲一樣吧。

1. 貴人：在東南方。
2. 失物：在四季方尋找。
3. 問病：肝、肺機能、膀胱症狀。

第二十一籤——孫龐鬪智結仇（下下）

丙 甲

與君夙昔結成冤
今日相逢顯惡緣
好把經文多諷誦
祈求戶內保嬋娟

⊙解曰

功名	費時不就	疾病	祈禱求安
官司	順理可勝	家運	離散堪慮
求財	不能順利	出外	守家為上
婚姻	不能完滿	事業	命途不順

【歷史典故】

戰國孫臏齊人，龐涓魏人，同師事鬼谷子，孫臏之學優於龐涓，涓為魏將與臏鬥智輸而忌之，乃以計刖其足後，孫臏假作顛狂得脫，歸齊威王以為師將兵伐魏，用減灶添兵之法賺龐涓，追至馬陵道伏弩射死。

東坡解	碧仙註
舊有夙冤 作事隨緣 急宜向善 方保安全 力行好事 心契上天 變凶為吉 出自福田	但凡謀事要心機 只怕中間有病危 財物交加終到底 更防耗散待傷悲

【解說】

往日的過去。因故與你冤仇纏結。如今與你相見怎會有好臉色相待呢。俗語「冤家宜解不宜結」。還是把經文好好誦讀一番。祈求家中的男女平安吧。

註：心存正念。行功立德。諸惡莫作。多行善事。感動上蒼。自會平安無事。

1.貴人：東南方。

2.失物：往西南方尋找。

3.問病：肺、支氣管、頭昏腦脹、皮膚症狀。

第二十二籤——李太白遇唐明皇（上吉）

丙　乙

碧玉池中開白蓮
莊嚴色相自天然
生來骨格超凡俗
正是人間第一仙

⊙**解曰**

功名	勤學成功	疾病	良醫癒病
官司	理直而勝	家運	瑞氣盈門
求財	財帛臨門	出外	外出大吉
婚姻	和合如意	事業	迪吉迎祥

【歷史典故】

唐李白字太白成紀人，性倜儻善詩歌，天寶中召見金鑾論當世事詔供奉翰林，明皇愛其才欲官之會，高力士以脫靴為恥，讚於楊貴妃輒為所沮遂，浮遊四方寓情詩酒。

東坡解	碧仙註
事易明白　不假人為　更宜出入　切莫遲疑 士人占之　高攀桂枝　一切謀望　宜趁明時	更宜出入莫遲疑　士子高攀折桂枝 婚合自然生貴子　萬般謀望趁明時

【解說】

在碧玉清澈的池中。盛開的白蓮花。莊嚴的姿態乃天生自然。超凡脫俗的高格調。堪稱為人間的第一清麗仙子。

註：抽到此籤。問功名。才華洋溢。問事業。前程有望。

1. 貴人：正南方。
2. 失物：往東北方尋找。
3. 問病：肺、大腸、經絡、脾、膽症狀。

第二十三籤——吳王愛西施（下下）

丙 丙

花開花謝在春風
貴賤窮通百氣中
羡子榮華今已矣
到頭萬事總成空

⊙解曰

功名	妄求無益	疾病	變症堪慮
官司	仔細預防	家運	爭吵不息
求財	事多阻礙	出外	外出不吉
婚姻	不合難容	事業	須防消耗

【歷史典故】

吳既滅越，越王勾踐卑詞請成臥薪嘗膽，果報會稽之仇與大夫范蠡文種謀，乃選民間絕色西施女進之，吳王夫差甚嬖愛之至於亡國。

東坡解	碧仙註
凡百謀望　有成有敗　始雖快意　終實成害 吉中有凶　否生於泰　若不斂藏　後憂方大	此籤大不中　花開遇烈風 不利老人占　病訟盡皆凶

【解說】

春天百花盛開。花謝又花開。正如人生當中。有富貴窮賤都有變化與循環。俗說：「人無千日好，花無百日紅」。這是人生的過程。盛極而衰又否極泰來。起起落落。榮華富貴。猶如白馬過隙。到頭來還是一場虛空。

1. 貴人：往四季方。
2. 失物：往北方尋找。
3. 問病：肺、大腸、口、鼻、喉症狀。

第二十四籤——張騫悞入斗牛宮（中平）

丙
一春萬事苦憂煎
夏裏營求始帖然

丁
更遇秋成冬至後
恰如騎鶴與腰纏

⊙解曰

功名	謙必成名	疾病	醫必求良
官司	和為貴事	家運	家事平安
求財	良心得意	出外	滿路春風
婚姻	喜遇良緣	事業	滿載而歸

【歷史典故】

漢張騫城固人，武帝時奉命使大月氏，開西南夷嘗乘槎直上天河，入斗牛宮見一女子，手弄金梭傍有一石問之，不答惟云可問嚴君平便知，君平蜀人精天文術數往詢之云，此天孫織女也石名支磯石。

東坡解	碧仙註
春日謀望　事多不成　夏秋冬月　始見光亨 更宜出入　福祿豐盈　營求如意　時至即行	如舟上高灘　險後得平安 勞心勤苦過　財氣不艱難

【解說】

熬過一個春天的苦惱。辛苦憂慮。到了夏季。經營事業追求的謀略。總算較順利了。夏天成長。秋天後有收成。付出的辛勞。總有回收。如今可學仙人的榜樣。腰纏銀兩騎鶴上揚州。

註：是先凶後吉。先苦後甘的啟示。沒有耕耘。那來收穫。

1. 貴人：東南方。
2. 失物：往西南方尋找。
3. 問病：主腎、腎氣不足、膀胱症狀。

第二十五籤——唐明皇遊月宮（中平）

丙戊

寅午戌年多阻滯
亥子丑月漸亨嘉
更逢玉兔金雞會
枯木逢春自放花

⊙解曰

功名	勤則有功	疾病	快報平安
官司	要留餘地	家運	家庭幸福
求財	求財得之	出外	可逢亨利
婚姻	和合如意	事業	一帆風順

【歷史典故】

唐玄宗與方士羅光遠，八月十五日秋宴，光遠取桂枝杖向空擲之，化為大橋色如銀與帝同登遊入月宮，見有霓裳羽衣之女歌唱調甚新奇，帝獻記其譜以教大真。

東坡解	碧仙註
春夏秋時　作事遲疑　直至三冬　百事咸宜 卯酉月日　降福孔皆　待此謀望　枯木開花	謀事難成未可誇　枯木逢春始放花 敗了又成離又聚　不宜共事與陰家

【解說】

虎、牛、狗年做事多阻礙。十、十一、十二月即亥、子、丑月運氣會比較好。等到玉兔與雞會合時。即卯、酉會合。猶如枯木逢春。百花怒放了。

註：時運來不可強求。如寅、午、戌三火。則表示運未通。等到亥、子、丑年會好轉。碰到乙酉年是最好。如遇貴人屬兔、雞之人亦可。會很大的作為。

1.貴人：東南方。

2.失物：正北方尋找。

3.問病：腎水不足、胃腸症狀。

第二十六籤——邵堯夫告天（中吉）

丙 己

年來豐歉皆天數
祇事今年旱較多
與子定期三日內
田疇霑足雨滂沱

⊙解曰

功名	時機未至	疾病	靜養可痊
官司	順理可勝	家運	清吉平安
求財	以義為利	出外	和氣致祥
婚姻	帶結同心	事業	物產有成

【歷史典故】

宋邵雍字堯夫范陽人，於書無所不讀，精天文易數程子稱為振古之，豪傑遇若旱焚香告天為民祈雨，竭盡誠敬經王拱辰呂誨等屢薦不起，卒年六十七贈秘書省著作郎元祐中諡康節。

東坡解	碧仙註
吉凶天數　目下多屯　直待時至　如木逢春 禱求皆應　定在三辰　謀望必遂　奸事相因	吉凶天數奈如何　且待時來福氣和 祈禱定應三日內　營為好事入門多

【解說】

以籤告訴當事人。吉凶禍福自有天數。不是人力就可以改變的。大自然的力量是不能抗衡的。惟今年的旱象較多。雨水少。不過三天內。上天會賜予你足夠的雨量。

註：唯有修心向善。諸善向行。多種福田。才能趨吉避凶。改變命運。

1. 貴人：往西南方。
2. 失物：西北方尋找。
3. 問病：肝臟、膀胱、耳、筋骨症狀。

第二十七籤——江東得道（下下）

丙　庚

世間萬物各有主
一粒一毫君莫取
英雄豪傑自天生
也須步步循規矩

⊙解曰

功名	心正成功	疾病	良醫癒病
官司	適可而止	家運	安份得福
求財	貪多反少	出外	近求有利
婚姻	順其自然	事業	知足可樂

【歷史典故】

錢塘羅隱號江東，唐末舉進士求官不遂，立意修真幸遇異人傳授心法，因而得道故能開口成織，嘗遊泉州乞食於羅裳山下，鄉人慢之江東畫馬於石，每夜出踐田穀鄉人知而請罪焉，乃畫椿樹以繫馬，遂不踐至今遺跡猶存。

東坡解	碧仙註
富貴分定　切莫強求　若或妄取　必有後憂	守分方可遇　欺凌必反災
且宜守舊　更勉進修　必行平等　自獲天休	妄為難自保　依理福田來

【解說】

世間萬物各有其主。分工專職。冥冥之中就有安排。就是一粒一毫。不屬於你的。也不該貪心妄求。即使天生的英雄豪傑。也都循規蹈矩。做事當按部就班。不可自亂腳步。也不敢逆天背道妄為。自取顛覆。

註：不可妄求。胡作非為。循正道。不擇手段。大降將至。

1. 貴人：東北方。
2. 失物：西北方尋找。
3. 問病：肺、大腸、皮毛、膽、眼症狀。

第二十八籤——相如題橋（上吉）

丙

辛

公侯將相本無種
好把勤勞契上天
人事盡從天理見
才高豈得困林泉

⊙解曰

功名	成功可期
疾病	祈禱求安
官司	有貴可勝
家運	家慶順心
求財	勤儉成家
出外	勤儉榮歸
婚姻	和合佳偶
事業	順其自然

【歷史典故】

漢司馬相如成都人，未遇時嘗遇橋見貴者，車馬喧騰慨然曰大丈夫當如是，因題橋以見志作子虛，上林賦武帝讀而善之，召見以為郎會唐蒙驚憂巴蜀，遣相如責之上乃拜相如為中郎，將後有人上書吉相如使時受金，失官居歲餘復召為郎。

東坡解	碧仙註
榮華富貴　勤苦得之　目下雖困　後必逢時 切勿自怠　更勉修為　人事既盡　天理可知	但存平等心　所作皆無慮 若不勤謹修　歡處必生事

【解說】

公侯將相的偉人。並非每一個人都世代相傳得來。一個人如能在自己的崗位上。人盡其事，盡其在我。自然上天會給他安排的。一個有能力的人。博學兼備。豈能久困於林泉之間。定會展翼飛翔。扶搖直上。飛黃騰達。

註：目前受困之時。切莫喪志。做事以平常心方能無慮。

1. 貴人：東北方。
2. 失物：正東方尋找。
3. 問病：大腸、鼻、肝、眼、筋骨症狀。

第二十九籤——司馬溫公嗟困（上上）

丙	壬

祖宗積德幾多年
源遠流長慶自然
若更操修無倦已
天須還汝舊青氈

⊙解曰

功名	謙必成名	疾病	安心修養
官司	有貴可勝	家運	門弟增光
求財	良心得意	出外	滿路春風
婚姻	隨緣結合	事業	滿載而歸

【歷史典故】

宋司馬光夏縣人，池次子寶元初進士，累官端明殿學士嗟歎民困，上疏極言新法，不便哲宗初立，召拜左僕射罷青苗法人，謂元祐相業有旋乾轉坤之功，卒贈太師封溫公謚文正。

東坡解	碧仙註
善惡胚胎 由人自裁 修善署泰 積惡者災 若能修持 福自天來 依舊榮華 自有安排	積善之家 必有餘慶 子孫眾多 門戶昌盛 好修福祿 前程順應

【解說】

祖先行善積德多年。世代子孫綿延。門戶盛昌。正如那水源源遠流長。故積善之家必有餘慶。積德揚善。毫不倦怠。青氈是指詩書門弟傳家之舊物的代稱。上天自然安排你可失而復得。原有的門戶興盛。榮華富貴之象。

1. 貴人：東南方。
2. 失物：東北方。
3. 問病：心臟、小腸、舌、脈、大腸症狀。

第三十籤——柳毅傳書（中吉）

丙　癸

奉公謹守莫欺心
自有亨通吉利臨
目下營求且休矣
秋期與子定佳音

⊙解曰

功名	妄想無益	疾病	祈求神恩
官司	莫爭宜和	家運	喜訊重重
求財	求則得之	出外	清吉平安
婚姻	和合如意	事業	講求公平

【歷史典故】

唐柳毅下第歸，至涇陽遇安子滿而涕零，自云洞庭龍君之女嫁與涇陽，遭婿暴辱出書一封，托寄洞庭毅以不能入水為辭女云，湖邊有柳樹一株搖之當有所見，及至搖樹果水中有人出，為持書去俄邀毅入龍宮洞庭，君以女妻焉後不知所終。

東坡解	碧仙註
公平處己　切莫自欺　福祿雖有　漸且待時 若要進取　未可施為　凡百謀望　秋以為期	先難後易莫相欺　謀望鶯為秋得宜 謹守定應多福祿　且須從緩待其時

【解說】

奉公守法。安份守己。不可違背良心。自然會有亨通吉利的好運來到。事事鞭策自己。警惕自己。不要躁進。等到桂花飄香的時候。中秋月圓的佳節。一定會帶來好的消息。

註：此籤不可妄取躁進。只宜安份守己。一切可安。

1. 貴人：東南方。
2. 失物：正西南方尋找。
3. 問病：肺、鼻、小腸、心律不整症狀。

第三十一籤——蘇卿負信（中吉）

丁	甲
秋冬作事只尋常	千里信音符遠望
春到門庭漸吉昌	萱堂快樂未渠央

⊙解曰

功名	勤則有功	疾病	平安吉兆
官司	順理可勝	家運	清吉平安
求財	求則得之	出外	可逢亨利
婚姻	天作之合	事業	豐登可望

【歷史典故】

漢蘇武字子卿，使匈奴被留十九年，有一番女奉待甚殷，子卿納之與生三子，歸時約其再往迨到中國，後不克踐約二子奉母命來請蘇卿，置而不顧，番女所由責其有節而無信焉，盜謂眾猩猩之女非也。

東坡解	碧仙註
凡百謀望　秋冬平平　春來謀望　次第光亨 遠行有信　所作皆成　家道清吉　可保安寧	凡事營求名以成　春來次第自通亨 門庭吉利皆平善　財物相應漸漸生

【解說】

秋冬之際運途平平。宜靜不宜動。靜觀達變。一切事宜等到春天。會有所漸漸的興盛起來。門庭自有吉昌。所謀順利。千里傳來佳音。有成龍成鳳的消息。故鄉高堂白髮久保安康。福壽綿長。

1. 貴人：正南方。
2. 失物：西南方尋找。
3. 問病：肺、大腸、命門、腂足症狀。

第三十二籤——周公解夢（下下）

丁	乙
勞心汨汨竟何歸 疾病兼多是與非	事到頭來渾似夢 何如休要用心機

⊙解曰

功名	知足不辱	疾病	問病者險
官司	須避官符	家運	恐累家門
求財	貪則兩空	出外	碌碌徒勞
婚姻	藍橋路渺	事業	空費心機

【歷史典故】

名姬旦周文王之子輔武王滅紂，建立周王朝，封於魯即山東武王死，王年幼周公攝政，管叔蔡叔挾殷後代作亂，周公東征平之後，作禮樂制度論語述孔丘，夢見周公後因夢喻為周公。

東坡解	碧仙註
事謀不成　徒自勞心　口舌立至　禍患來侵 不如退步　暫隱山林　處其所在　可遇知音	謀望事多嗟　徒勞心力賒 若求婚與利　口舌見交加

【解說】

一天到晚忙碌勞心。不知所為何事。終日辛勞只換來滿身的疾病。和一些是是非非。事情到最後南柯一夢般。又何必去計較枉費心機。更不能做一些損人利己的事。

註：此籤代表諸事不如意。徒勞無功。退一步海濶天空。安份守己以保安寧。

1. 貴人：正南方。
2. 失物：西南方尋找。
3. 問病：脾、胃、口、大腸、肺症狀。

第三十三籤——莊子慕道（中吉）

丁	丙
不分南北與西東	熟讀黃庭經一卷
眼底昏昏耳似聾	不論貴賤與窮通

◎解曰

功名	一場空夢	疾病	治療留神
官司	切勿妄動	家運	家常注意
求財	貧則兩空	出外	安份守家
婚姻	擇配小心	事業	了無實際

【歷史典故】

莊子名周蒙人，為周漆園使其學無所不闚，楚威王聞其賢遣使厚幣迎之，周曰千金重利卿相尊位也，子獨不見犧牛乎，我寧遊戲以泱吾志，焉慕清靜無為之，道師事老子著南華經等書十餘萬言。

東坡解	碧仙註
吉凶禍福　報應分明　若人祈禱　如谷應聲 無分貴賤　宜養精神　定則能應　福自駢臻	是非莫管　一任紛紜 見如不見　聞如不聞

【解說】

不管是東西南北。對任何事就睜一隻眼閉一隻眼。裝聾作啞不要隨便去聽外面的雜音。不要多管閒事。把經書拿來用心誦讀。修身養性。何必計較世俗的貴賤與窮通呢。

註：此籤不宜妄動。退步三分。海闊天空。捫心檢討。自然得到神助。

1. 貴人：四季方。
2. 失物：正北方尋找。
3. 問病：肺、大腸、腹、精血症狀。

第三十四籤——蕭何追韓信（中平）

丁　丁

春夏纔過秋又冬
紛紛謀慮攪心胸
貴人垂手來相援
休把私心情意濃

⊙解曰

功名	先苦後甘	疾病	治療留神
官司	切勿妄動	家運	家常注意
求財	財祿漸進	出外	得利便回
婚姻	擇配小心	事業	公道發展

【歷史典故】

漢蕭何沛人，韓信淮陰人，時漢王燒絕棧道，部下將士逃亡甚多，其時信歸漢逃去何知之，連夜追韓信回，翌日王知怒曰將士逃亡過半不聞丞相有所追，獨追信何也，何曰大王如無意東伐固罷，若與楚爭天下非信莫當其任，乃拜信為大將。

東坡解	碧仙註
一歲營謀　未有發達　必得貴人　垂手提挈 漸漸亨通　可免激聒　莫信私人　巧語鬥謀	訟則憂兮病不瘳　財物耗散莫相謀 行人動作婚難就　口舌須防免唧啾

【解說】

光陰似箭。白馬過隙。一年的光陰過得真快。春夏炎熱已過去。接著中秋月圓又來了。接著東北季風的寒冬又來到。此年。腦海中策劃許多方案。只是如曇花或煙火一般。沒有成就。若得貴人來提杖相助。可平步青雲。扶搖直上。心胸寬大。不要斤兩計算。私意情濃是自己猶豫不定，不聽信謠言。要有判斷自主能力。

1. 貴人：四方均可。
2. 失物：正北方尋找。
3. 問病：大腸、肺、經絡症狀。

第三十五籤——王昭君和番（下下）

丁	戊

一山如畫對清江
門裏團圓事事雙
誰料半途分折去
空帷無語對銀釭

⊙解曰

功名	妄想無益	疾病	問病者險
官司	切勿妄動	家運	門庭冷落
求財	遭遇不佳	出外	人困馬乏
婚姻	配合不吉	事業	空費心力

【歷史典故】

昭君姓王名嬙，字告月歸州人，漢元帝宮女得罪畫工為點崩夫痣，致不見幸，昭君以才貌雙全自傷不見知會，匈奴求婚乃自上書請行，臨去步入掖庭顧影徘徊，君臣相顧失色，然不能失信於單于，故遣其和番，而斬畫工毛延壽等二百餘人。

東坡解	碧仙註
墳宅雖吉 命運未通 家門招禍 好事成空 夫妻離散 骨肉西東 凡事不遂 有始無終	始終未必不貪圖 到底須知力枉勞 設得十分奇巧計 卻防中路被風濤

【解說】

依山傍水。風光明媚。全家團圓。平安快樂。誰知天有不測風雲。人有旦夕禍福。半途忽然骨肉分散。人去樓空。家又不順。屋漏偏逢連夜雨。淒涼不堪。望著繁華時留下的銀缸一片茫然。無語問蒼天。

註：得中有失。吉處藏凶。故防範未然。未雨綢繆。警覺在先。可減少損失。

1.貴人：四方均可。

2.失物：往西北方尋找。

3.問病：大腸、鼻、毛皮、腎、膀胱症狀。

第三十六籤——羅隱求官（上吉）

丁　己

功名富貴自能為
偶著先鞭莫問伊
萬里鵬程君有分
吳山頂上好鑽龜

⊙**解曰**

功名	大器晚成	疾病	病到春安
官司	貴人濟助	家運	子孫繁榮
求財	福利可增	出外	旅途有貴
婚姻	和合佳偶	事業	利生加倍

【歷史典故】

唐羅隱字昭諫錢塘人，工詩稱為羅江東吳越錢鏐辟，為徒事節度判官副使，嘗說鏐討朱溫縱無功，猶可保杭越奈何交臂事賊圖謀顯達，為終古之羞乎著作甚多。

東坡解	碧仙註
富貴分定　遲速有時　藏器以待　切莫怨遲 掀天事業　時至即為　若到天邊　便可決疑	榮華有分　未得其時 他人早達　切莫恨遲

【解說】

功名利祿。富貴榮華。要看人的修為。別人得意不要去欣羨。功利榮華早晚自有你的名份。你要奮發圖強。努力向上。科第功名等著你。不過要有耐性。吳山所言是杭州西湖畔。

註：明末清初，有父子戰亂沖散。父占此籤期待相見。不久上吳山卜卦。至廟門張貼尋子啟事。遂得訪見其父。果真靈驗無比。「吳山頂上好鑽龜」名言之句。

1. 貴人：西南方。
2. 失物：西北方尋找。
3. 問病：主肺和太陽互有表裏關係症狀。

第三十七籤——邵堯夫祝香（中平）

丁	庚
焚香來告復何辭	屏卻昧公心裏事
善惡平分汝自知	出門無礙是通時

⊙解曰

功名	得意再修	疾病	藥良病安
官司	喜報佳音	家運	安份得福
求財	有利較遲	出外	為善得福
婚姻	百年合好	事業	知足可樂

【歷史典故】

宋邵雍字堯夫，年三十從父徙居河南，於書無所不讀精易理天文術數，居慎凡所祝香皆為國為親之事，未嘗私禱及己也初除試将作監主簿不起，繼除穎州團練推官不就，卒贈秘書省著作郎旡祐問諡康節。

東坡解	碧仙註
作善降祥 作惡降殃 何必禱神 當自揣量 公心莫昧 勉為善良 前程遠大 可保安康	爾欲陷人而自陷 欺心暗裡鬼神知 若能改善求天福 轉禍為祥事事宜

【解說】

天地良心，天道善惡，自己心裡明白。燒香禱告有什麼用呢？行善或向惡只存乎一心。惡與善，只有自己心知肚明，要光明正大。人不能昧著良心行事。只要反躬自省，言行合一，公平正大，內心無邪念。如昧著天良，凶惡即招來。

1. 貴人：正東方。
2. 失物：往西北方尋找。
3. 問病：主腎、和膀胱互為表裏症狀。

第三十八籤——孟姜女思夫（下下）

丁　辛

蛩吟唧唧守孤幃
千里懸懸望信歸
等得榮華公子到
秋冬括括雨霏霏

⊙解曰

功名	妄想無益
官司	事多阻撓
求財	或致落空
婚姻	配合不吉
疾病	病狀拖纏
家運	門庭冷落
出外	人困馬乏
事業	空費心力

【歷史典故】

孟姜女秦始皇時人，夫范杞郎派作長城，久役不歸，故思之。

東坡解	碧仙註
作事無聊　空自惆悵　蹤得好音　依然悽愴 謀望不遂　心神徒喪　家道未安　禱神陰相	不宜問事不宜行　九日常憂十日驚 一假榮華如一夢　翻來覆去總無情

【解說】

蟋蟀的鳴叫聲。獨自守孤幃，空自惆悵，增添了秋景淒清。企盼千里之外。遙遠的地方，日日望穿秋水等待著音訊，守著能帶來佳音。那位榮華的公子蒞臨。又值秋冬之際落葉繽紛，愁上加愁，似如夢幻一般。空歡喜一場而已。

1.貴人：東北方。

2.失物：往東方尋找。

3.問病：肝、膽、眼、筋、耳、骨症狀。

第三十九籤——陶淵明賞菊（中平）

丁

北山門外好安居
若問終時慎厥初

壬

堪笑包藏許多事
鱗鴻雖便莫修書

⊙解曰

功名	妄想無益	疾病	另找良醫
官司	必須和解	家運	安份得福
求財	遭遇不佳	出外	得利便回
婚姻	擇配小心	事業	守成勿濫

【歷史典故】

晉陶淵明字元亮，在宋名潛世號靖節先生，少好高尚博學善文，宅邊有五柳自號五柳先生，後為彭澤令郡遣督郵至縣吏白當冠帶見之，歎曰吾不能為五斗米折腰，即解印去賦歸去，來辭以見意性愛菊花每清晨必賞之。

東坡解	碧仙註
靜處安身 不堪比匪 欲保終吉 作事謹始 無感人言 切防害己 勿輕傳信 暗中有鬼	好把工夫作吉鎡 有時暗地結姻緣 對面好談心曲事 莫將隱奧與人傳

【解說】

淡泊明志寧靜致遠，這是陶潛的詩句。北山門下，正是好落腳安身的好地方。田園秀美。做事謹慎持重。不能發生事端才說。悔不當初。即初始若審慎思考，將暗藏日後的事端。必須守舊，小心謹慎。尤其交友要考慮，不能隨便書信往來。是預防許多事機不密。發生一些無謂的口舌之爭或無妄之災。

1. 貴人：往東北方。
2. 失物：西南方尋找。
3. 問病：脾、胃、口、肉、大腸、膽症狀。

第四十籤——漢光武陷昆陽（上吉）

丁		癸	
新來換得好規模	何用隨他步與趨	只聽耳邊消息到	崎嶇歷盡見亨衢

⊙解曰

功名	正心成功	疾病	快樂平安
官司	正則無事	家運	昌後可期
求財	應手可得	出外	一帆風順
婚姻	終成眷屬	事業	立業可期

【歷史典故】

漢光武帝劉秀尚王出兵至昆陽，莽命王邑士尋將兵百餘萬井驅虎豹犀象以助軍威，光武兵僅數萬自將步騎千餘為前鋒，破其前軍諸將繼進莽兵大潰，會大風雨虎豹股慄被殺尋邑遁去，盡獲其軍實輜重東漢之興賴此戰也。

東坡解	碧仙註
謀望更改　修為儘好　何必依人　自行遠到	改換規模又一般　門庭增喜轉眉攢
須歷艱難　必獲好報　平步青雲　榮捧恩詔	文書到手皆成就　宜訟宜婚病亦安

【解說】

更換新的設備，規模比以前更宏偉。何必追隨別人的腳步呢？要超越才對。只要消息靈通，苦去甘來。而坎坷崎嶇的險路，亦在歲月途中。如今將要走上康莊大道。從此四方八達，無往不利。真果斷堅定的志氣才會靈驗。

1.貴人：往正東方。

2.失物：四季方尋找。

3.問病：肺、氣喘、脾、胃疾病症狀。

第四十一籤——劉文龍求官（中吉）

戊甲

自南自北自東西
欲到天涯誰作梯
遇鼠逢牛三弄笛
好將名姓榜頭題

⊙解曰

功名	努力成功	疾病	必遇良醫
官司	走非難辨	家運	榮族興家
求財	奮發有利	出外	一帆風順
婚姻	好合美滿	事業	命逢正順

【歷史典故】

野史劉文龍漢時人，學問極淵博因求官而全，王昭君出塞和番與妻分別十八年，回時家中老幼俱不相識。

東坡解	碧仙註
若求名利　先難後有　白日青雲　必在子丑 聲譽顯赫　題名榜首　百事亨通　顯然有後	歷涉艱難　求謀未遂 富貴榮華　顯達在後

【解說】

人生志在四方。走遍天涯，到南到北，有誰能引導。最後終有個目標。惟有靠自己努力，才能步青雲之路。直到子丑年月日也就是說鼠年跟牛年，自有貴人提杖，才能利路亨通。

1.貴人：西南方。

2.失物：往東北方尋找。

3.問病：腎、膀胱、骨、胃腸症狀。

第四十二籤——董永賣身（中吉）

戊	乙

我會許汝事和諧
誰料修為果自乖
但改新圖莫依舊
營謀應得稱心懷

⊙**解曰**

功名	貴人提拔	疾病	另找良醫
官司	事多阻礙	家運	祈求神恩
求財	福利可增	出外	不宜外出
婚姻	配合不吉	事業	了無實際

【歷史典故】

漢董永千乘人，少失母獨養父流寓孝感，父亡無以葬乃從人貸錢一萬，日後無錢還當以身作奴，葬畢道遇一婦人求為永妻，永與俱詣錢主令織縑三百疋以償一月而畢，辭永去乃曰我天上織女緣君至孝，去帝令我助君償債言訖凌空而去。

東坡解	碧仙註
神許和合　自乖所為　急須更變　方得其宜 心行正直　無好自欺　若能悔過　天必相之	只好從新莫依舊　自然百事稱心神 莫愁中路無成就　當遇舟航涉利津

【解說】

「我」字是上天神祇的自稱。神明也曾經答應能使你事事如意。誰知你的修為與事實背道而馳，因此才會造成不可收拾的後果。如果能夠改過自新，奮發圖強，東山再起，改變從前所做的一切。要有信心努力向善，自然百事稱心如意。

1. 貴人：往西北方。
2. 失物：正北方尋找。
3. 問病：耳、骨、消化系統、上吐下瀉症狀。

第四十三籤——玄德公黃鶴樓赴宴

戊	丙

一紙官書火急催
扁舟東下浪如雷
雖然目下多驚險
保汝平安去復回

⊙**解曰**

功名	官途必達	疾病	良醫癒病
官司	無訟為貴	家運	家庭有慶
求財	財祿較遲	出外	從心所欲
婚姻	心專自成	事業	公平利市

【歷史典故】

漢劉備字玄德，獻帝時群雄割據曹操挾天子令諸侯，玄德未得四川借與荊州托足，周瑜計請赴宴設伏挾討，幸孔明授趙雲密計得免於難，此係俗傳孜史赤壁合兵拒時，瑜計請玄德設伏欲害，因見關公在場不敢動手。

東坡解	碧仙註
官書火急　激聒之兆　目下雖驚　終無紛擾 有神陰扶　收功談笑　來往平安　吉星高照	先驚未是驚　後喜方為喜 若問謀事多　連綿無定止

【解說】

官符公文很急迫的催促，連夜趕路。急急如律令坐著小船快速的傳達。水路上浪聲如雷，驚險無比。目前所遭遇的事，有驚無險。只要意志堅定，加上神明保佑你，能保你一路平安歸來。

1.貴人：西南方。

2.失物：正北方尋找。

3.問病：肺、大腸、膀胱、骨症狀。

第四十四籤——王莽篡漢（中平）

戊 丁

汝是人中最吉人
誤為誤作損精神
堅牢一念酬香願
富貴榮華萃汝身

⊙解曰

功名	妄想無益	疾病	祈求神恩
官司	須防飛禍	家運	時生不和
求財	財利無多	出外	安份守家
婚姻	未能如意	事業	大器晚成

【歷史典故】

王莽字巨君，漢孝元皇后之姪也，以國戚一門貴顯，莽繼叔父遺烈當成哀平帝，享國不永統嗣三絕，位居宰相封新息侯假行仁義自此伊周弒平帝立孺子嬰，竊周公之法攝位改元竟移漢祚國號曰新，後被漢兵所殺傳首師百姓爭食其肉。

東坡解	碧仙註
心行平等　反誤為非　急宜改過　切莫自欺 盡誠作福　神必佑之　榮華富貴　付汝非遲	萬事皆從忙裏錯　但將心地細思量 若能謹守無他望　可保終身大吉昌

【解說】

雖然你在人群當中，心地非常善良。但是做起事情沒有正確的目標，以致做什麼事情都做得不好，所以浪費很多精神與時間。如果能一心向善，做事能夠謹慎周密，行功立德，就能達到你的心願。而且榮華富貴一定會集在你一身。

1.貴人：西南方。

2.失物：西北方尋找。

3.問病：腎、耳、骨、鼻、毛皮症狀。

第四十五籤——高祖遇丁公（中平）

戊 戊

好將心地力耕耘
彼此山頭總是墳
陰地不如心地好
修為到底卻輸君

⊙解曰

功名	勤則有功	疾病	良藥病安
官司	順理可勝	家運	安份得福
求財	財利勿求	出外	旅途有貴
婚姻	隨緣結合	事業	順心有利

【歷史典故】

丁公為楚項籍將逐窘漢高祖於彭城，西短兵相接高祖，急顧曰兩賢豈相戹哉，丁公乃還及高祖即位來謁帝曰，丁公為臣不忠使項王失去天下者也，遂斬之曰使後為人臣無傚丁公也。

東坡解	碧仙註
好修心地　莫用他求　但依本分　可獲天庥 勿與人競　福力自優　子孫之慶　皆善之由	人己初來甲意同　好將心地問天公 若還虧卻分毫理　萬事教君吉又凶

【解說】

好好的將你的心田去努力耕耘，種德修善成為福田。只要用心去修心地，這個世上到處充滿和樂。故求風水好心田好。切勿與人爭長短，凡事包容忍耐，與愛心去實現。最後有修為的人才是真正的勝利者。

1.貴人：正西方。

2.失物：正北方尋找。

3.問病：主腎、腎氣不足，排尿異常症狀。

第四十六籤——孤兒報冤（中平）

戊	己
君是山中萬戶侯	今朝馬上看山色
信知騎馬勝騎牛	爭似騎牛得自由

⊙解曰

功名	妄想無益	疾病	症狀拖累
官司	事多阻礙	家運	先甘後苦
求財	遭遇不佳	出外	人困馬乏
婚姻	配合不吉	事業	空費心力

【歷史典故】

孤兒即晉趙武也，史稱父朔為屠岸賈所殺，朔妻成公姊遺腹生武賈索之，急賴程嬰杵臼救之，臼以假孤兒出首自殺嬰，乃抱趙氏真孤匿山中十五年後，韓厥言於晉景公立趙氏後即孤兒也，遂攻屠岸賈滅之以報一門之冤。

東坡解	碧仙註
本自富貴　己勝常人　愈有愈貧　禍及自身 宜依本分　當享平和　勸君靜守　可免災罹	要作惺惺成懞憧　誰知懞憧勝惺惺 多生巧計須成拙　守己方纔事有成

【解說】

你是家財萬貫的大富人家，但你確信騎馬的富貴人家一定勝過騎牛的普通人？當你騎在馬背上時，是可看到那山川秀麗的山景。勝過騎牛的貧窮人家更自由自在！

註：故宜守舊勿進，不可妄為。凡事投機取巧必會弄巧成拙。安份守己，以靜制動，才不至於飛來橫禍。

1. 貴人：正西方。
2. 失物：正北方尋找。
3. 問病：胃腸疾病、大腸、小腸症狀。

第四十七籤——楚漢爭鋒（中平）

戊　庚

與君萬語復千言
祇欲平和雪爾冤
訟則終凶君記取
試於清夜把心捫

⊙解曰

功名	名利速通	疾病	服藥留意
官司	須防飛禍	家運	命途多變
求財	財利無多	出外	暫守家園
婚姻	未能如意	事業	血本無歸

【歷史典故】

項羽既滅秦，宰割天下自立為西楚霸王，封沛公為漢王陰弒義帝於江南，漢王乃拜韓為將，舉兵伐楚定三秦取咸陽，為義帝發喪責楚弒逆之罪，與楚戰於成皋滎陽間大戰三十小戰七十爭鋒，五年迨英布降漢范增貶死，楚乃勢孤被漢所滅。

東坡解	碧仙註
訟則終凶　不必多說　若得和平　舊冤可雪 凡所謀望　皆當謹節　反求諸己　禍端自滅	心地好時身自吉　何須巧計去纘天 勸君靜處勤修省　禍及身來不可損

【解說】

對你千言萬言，只有一句話。只要你能心平和氣柔，正氣凜然。一切飛來的禍端可自絕，希望你銘記在心。要知道做什麼事情都後果以及利害關係。我們白天的所作所為，在夜裏捫心自問，只要對得起良心，不可倚勢凌人，自然禍端去矣。

1.貴人：西北方。

2.失物：西北方尋找。

3.問病：膀胱、筋骨、鼻、皮毛症狀。

第四十八籤——趙五娘尋夫（中平）

戊	辛
登山涉水正天寒	不遇虎頭人一喚
兄弟姻親那得安	全家誰保汝重歡

⊙解曰

功名	得意再修	疾病	用藥留意
官司	貴人濟助	家運	安份得福
求財	財利耗多	出外	不宜外出
婚姻	擇配小心	事業	知足可樂

【歷史典故】

趙五娘漢蔡伯喈之妻也，伯喈仕為議郎，在京別立家室，久羈不歸，父母死妻為治喪，訖乃進京尋夫，事見琵琶曲與史稱蔡邕字伯喈，陳留園入健寧三年，辟司徒橋玄府拜郎中校，書東觀遷議郎其事親以至孝，聞殆出兩人歟。

東坡解	碧仙註
歷涉艱難　時運輒左　家道不齊　事多坎坷 遇富貴人　提挈方可　倘無所濟　難逃後禍	先難後易本天然　只恐勞心事不全 若得貴人提挈處　管教騎鶴與腰纏

【解說】

在天寒地凍，欲涉水遇境，歷盡艱辛。兄弟親族每個人的命運多舛，正在窮困潦倒之時，巧遇一位虎頭的大貴人。他喚醒了我們，受到貴人的金錢資助，以至全家能保住，重敘天倫之樂。

註：表示家道中落，只弟分離不聚。唯有希望就是有貴人出現。

1. 貴人：西北方。
2. 失物：西北方尋找。
3. 問病：頭、骨、囊、膀胱症狀。

第四十九籤——張子房遁跡（下下）

戊 壬

彼此居家只一山
如何似隔鬼門關
日月如梭人易老
許多勞碌不如閒

⊙解曰

功名	名利未通	疾病	靜養可痊
官司	正則無事	家運	清吉平安
求財	辛苦無益	出外	出外有阻
婚姻	擇偶小心	事業	現運平平

【歷史典故】

漢張良字子房韓人，其先五世相韓秦滅，韓良散家財遁跡欲為韓報仇，乃使力士懷鐵錐擊，始皇於博浪沙上悞中副車，始皇大索天下十月不後佐漢定天下，功成謝絕人事托名與赤松子遊。

東坡解	碧仙註
安閑易處 出門有阻 時迍易過 枉自勞苦	寄跡相親心不親 如何要作契深人
且宜守舊 隨分而處 運未亨通 不宜進取	謀為動作皆無定 只恐虛名不得在

【解說】

一起住在同一山頭山上，大家一起生活。好像隔一道鬼門關似的陰陽相隔。看似相連，其實是咫尺天涯，感情無法溝通，歲月如梭，易催人老，一生的勞力奔波，到老還是一無所有，不勝唏噓。不如安閒過著平安的日子。

1. 貴人：西北方。
2. 失物：正北方尋找。
3. 問病：主腎，和膀胱互為表裏關係。

第五十籤——蘇東波勸民（上吉）

戊　癸

人說今年勝去年
也須步步要周旋
一家和氣多生福
萋菲讒言莫聽偏

⊙解曰

功名	榮顯門弟	疾病	日漸康安
官司	和為貴事	家運	合家康泰
求財	財帛臨門	出外	四方俱利
婚姻	宜爾室家	事業	大進資財

【歷史典故】

宋蘇軾字子瞻號東波居士，知杭州歲饑勸民平糶發倉廩賑濟，又遣使四出治病活者萬計，有逋稅不償軾呼詢之云，以夏扇謀生天寒難賣非故負也，軾令取廿餘柄來據案草書及畫枯木竹石，其人持出眾以千文爭買一扇不得盡償所逋。

東坡解	碧仙註
謀望勝先　進取攸利　人事周密　禍消福至 勿信讒言　惶惑思慮　慎終如始　切莫猶豫	此心有主何憂懼　須管今番勝舊番 婦人言語君休聽　家道興衰在此間

【解說】

人家說，今年景氣勝過去年。但如果不勤奮工作，更是風雨無止的努力向前，還是會跟去年一樣，不會有進展的。要勝過去年，當然付出更大的代價。一家人如能和睦相處，並肩奮發，家內大小和氣。巧語讒言，不可聽信。凡事能慎謀能斷則可和平相處。

1. 貴人：西北方。
2. 失物：正南方尋找。
3. 問病：主肺、大腸、乾咳少痰症狀。

第五十一籤——御溝流紅葉（上吉）

己 甲

君今百事且隨緣
水利渠成聽自然
莫嘆年來不如意
喜逢新運稱心田

⊙解曰

功名	發達可期	疾病	災厄消除
官司	有貴可勝	家運	喜氣盈門
求財	利路亨通	出外	無往不利
婚姻	百年合好	事業	經營如意

【歷史典故】

唐顧況遊禁苑於御溝邊，得紅葉上題詩云，流水向何太急深宮盡日閒殷勤，謝紅葉好去到人間，況亦拾紅葉戲和之云，愁見鶯啼柳絮飛上陽宮女斷腸時，君恩不禁東流水葉上題詩，寄與誰後為夫婦情愈篤，按御溝題葉名有田姑錄其一。

東坡解	碧仙註
目下謀望　且隨緣分　一朝榮達　身顯如願 休自嗟怨　待時遷變　漸遇亨通　好事疊見	一生勞碌不曾閒　也是心緣倍累關 漸遇亨通有生意　後來容易嘆先難

【解說】

目前各種事情，順其自然，一切隨緣。水到渠成是最自然的道理。非人所能罷佈的。不要去怨嘆往年的不如意，往事如煙，就讓他過去。今時的運氣，將邁入佳境之際，自有一番稱心如意的發展。

1. 貴人：東南方。
2. 失物：往西南方尋找。
3. 問病：主生殖、發育、腎方面疾病症狀。

第五十二籤——匡衡夜讀書（上吉）

己	乙

兀坐幽居歎寂寥
孤燈掩映度清宵
萬金忽報秋光好
活計扃舟渡北朝

⊙解曰

功名	大器晚成	疾病	靜養可癒
官司	順理可勝	家運	清吉平安
求財	求得則之	出外	春生四面
婚姻	和合偕老	事業	迪吉迎祥

【歷史典故】

漢匡衡字稚圭東海承人，好學不倦讀書夜以繼日，累官太子少傅朝廷有政議，輒引經以對，言多法義數，上書陳使宜後拜相封樂鄉侯當微時，夜讀無擎可焚，私鑿鄰家之壁偷光映讀，其勤苦有如此者。

東坡解	碧仙註
席珍待聘　休嗟未遇　忽際明時　青雲得路 好音一來　得意高步　凡事必得　皆有佳趣	險阻之間卻似流　此心憂處不成憂 文書得力消多少　自有容顏作話頭

【解說】

一人獨居苦讀，在那孤寂的夜晚，孤燈下難掩形影自憐，真是寂寞不堪。突然在秋天裏報來好的消息，比萬金更可貴。俗云：「十年寒窗無人聞。一舉成名天下知。」一輕帆勁渡在自己掌握之中，決定快速整裝待發，去爭取功名利祿。

註：北朝。即是北方。

1.貴人：往西南方。

2.失物：西北方尋找。

3.問病：主肺、大腸、皮膚、鼻、口等症狀。

第五十三籤——劉玄德入贅孫權妹（下下）

己 丙

艱難險阻路蹊蹺
南鳥孤飛依北巢
今日貴人曾識面
相逢卻在夏秋交

⊙解曰

功名	名利阻滯	疾病	醫必求良
官司	無訟為貴	家運	漸入佳境
求財	非義不取	出外	得意宜回
婚姻	心專自成	事業	不必多求

【歷史典故】

劉玄德即西蜀先主也，為荊州牧時甘夫人新喪，東吳孫權聞知詐以妹招贅，欲賺其入吳索討荊州，孔明料知乃授趙雲錦囊計保先主入吳，意弄假成真娶孫夫人以歸焉。

東坡解	碧仙註
艱難歷遍作事皆非 夏秋之交貴人相提 南鳥北巢失其所依 應稱謀望榮達可期	謀為先阻後通亨 若得貴人提拔處 事用心機遂所行 諸般方可事圓成

【解說】

世事多變，千山萬水一路多災多難。猶如南方的孤鳥又飛到北方去依靠。但相逢之日是在夏秋天相交之時，貴人終於出現。屆時可以大力的提拔你。

註：寄人籠下，在痛苦中熬過。等待夏秋之時。一切才能現光明。呈現轉機。

1.貴人：東南方。

2.失物：往西北方尋找。

3.問病：肝、膽、筋骨、肺、大腸症狀。

第五十四籤——蘇秦刺股（中平）

己　丁

萬人叢裏逞英豪
便欲飛騰霄漢高
爭奈承流風未便
青燈黃卷且勤勞

⊙解曰

功名	心善必昌	疾病	虔誠求治
官司	風波無阻	家運	清吉可安
求財	難遂所願	出外	和氣致祥
婚姻	相尅難成	事業	神庇漸興

【歷史典故】

戰國蘇秦洛陽人，師鬼谷子游說秦王，書十二上其說不行裘敝金盡憔悴，而歸至家妻不下機嫂不為炊，秦慚怒得太公陰符發憤苦讀，困怠時用錐刺股痛，而再讀後以合縱之說說趙，竟佩六國相印。

東坡解	碧仙註
謀望趨高　便期遠到　爭奈時乖　徒自狂躁 且宜守己　勉行善道　直待時亨　凡事皆好	一事方成一事虧　不如意者受禁持 舟移上水南風急　險阻艱難在此時

【解說】

在眾多的人群當中，你表現英雄豪傑的氣概。你有沖天之志，無運不能自通，萬般無奈。但沒關係。只要你決心養精蓄銳努力向上的攻讀，修身養性的等待大好時機。感應上蒼，將來你必成功名就。

1.貴人：四季方。

2.失物：正北方尋找。

3.問病：肺、大腸、鼻、皮毛、膀胱症狀。

第五十五籤——包龍圖勸農（中平）

己

勤耕力作莫蹉跎
衣食隨時安分過

戊

縱使經商收倍利
不如逐歲廩米多

⊙**解曰**

功名	得意再修	疾病	病可回春
官司	和為貴事	家運	安份得福
求財	現運平平	出外	近處方佳
婚姻	喜遇良緣	事業	知足可樂

【歷史典故】

宋包拯字希仁合肥人，官龍圖閣學士，由進士出身，常守鄉郡不少屈法，以殉鄉曲惟貴粟重農，欲民知耕更治推第一為御史時，危言鯁論烈如秋霜，尹開封權貴歛迹入以其笑比冀洵清，雖童稚婦人亦識其姓名卒謚孝肅。

東坡解	碧仙註
衣食自足　強求則損　不如歸耕　種植為本	守己須防勝巧心　皇天有眼不虧人
縱巧經營　豈能長遠　安分守成　榮達未晚	只宜安分休更改　恐怕災殃及汝身

【解說】

努力地耕耘工作，莫使光陰溜過，衣食自足。安份守己，不可貪妄意外之財。即使用投機取巧換來倍加的收入，但不如一年又一年的豐盛的收穫。

註：俗云：「一分耕耘一分收穫。」

1. 貴人：西南方。
2. 失物：東北方尋找。
3. 問病：脾、肚、腎水不足症狀。

第五十六籤——王樞密奸險（下下）

己　己

心頭理曲強詞遮
直欲欺官行路斜
一旦醜形臨月鏡
身投憲網莫咨嗟

⊙解曰

功名	妄求無意	疾病	變症堪慮
官司	須避官災	家運	爭吵不息
求財	不能順利	出外	外出不吉
婚姻	擇配謹慎	事業	繁盛毫無

【歷史典故】

宋王欽若字定國，官至樞密封冀國公謚文穆仁宗，嘗謂輔臣曰欽若久在政府觀其所為真奸邪也，澶淵之役遼已大震冠準請乘破竹之勢，以復燕雲欽若妒功，乃以孤注阻之真宗竟許遼盟，使宋終燕雲欽若之罪也。

東坡解	碧仙註
心邪理曲　飾詞欺公　明鏡照破　心致終凶 何如退步　正直是從　庶免其禍　可保厥躬	萬事皆從命裏招　十場煩惱九場焦 不如退步求安靜　只把明香向佛燒

【解說】

自己理虧，還要強詞奪理，來粉刷自己的過錯行為。昧著良心，用欺騙手段來掩飾。行走法律邊緣，不走正道走歪路，一旦事跡露出馬腳恐有牢災。害人害己，是法律所不容，勿掉入自己的陷阱之中，否則後悔也來不及。也遭刑憲之累。

1.貴人：正西方。

2.失物：正北方尋找。

3.問病：小腸、大腸、肺、經絡症狀。

第五十七籤——爛柯觀棋（中平）

己		庚	
事端百出慮雖長	莫聽人言自主張	一著仙機君記取	紛紛鬧裏更思量

⊙解曰

功名	知足不辱	疾病	修身卻病
官司	和則兩美	家運	但求平安
求財	非義不取	出外	得意宜回
婚姻	亦可宜家	事業	順其自然

【歷史典故】

晉王質採樵信步入深山，見兩童子在石上對奕質置斧，旁觀童子與質一物形如棗核食之不饑，至局終謂質曰此非人間仙家片刻凡世百年，爾合急歸質回頭見，柯已爛忽惶而歸至家，景物全非人莫之識爛柯山今在浙省衢州府。

東坡解	碧仙註
事務多端　紛紜不已　三思後行　悉歸條理 莫信人言　當自揣己　攙先一著　何事不濟	是非誰不怕將來　只要胸中自主義 先自關防贏地立　苦遲一步便成災

【解說】

事情發生，端緒眾多，擾攘不寧，心思就不定。思慮雖長遠，但莫聽人主，自己做主。有好的方法，就該當機立斷，不要有太多的意見。搞了頭昏惱脹，毫無頭緒。最後做了錯誤的決定。

1. 貴人：正西方。
2. 失物：正東方尋找。
3. 問病：十二指腸、肝、手、髮、膽症狀。

第五十八籤——蘇秦背劍（上言）

己 辛

蘇秦三寸足平生
富貴功名在此行
更好修為陰騭事
前程萬里自通亨

⊙解曰

功名	榮耀門弟	疾病	日漸康安
官司	從心所欲	家運	合家康泰
求財	財帛臨門	出外	四方俱利
婚姻	天緣佳偶	事業	大進可期

【歷史典故】

戰國蘇秦既說秦不行乃歸家發憤苦讀，研究太公陰符，學成即指秦往說趙王以合縱，拒秦起王大悅為治裝并說齊楚魏趙王乃秦竟佩六國相印，使秦兵十五年不敢出函谷關。

東坡解	碧仙註
凡百謀望　遠行則吉　求財必豐　求名必得 更行好事　以助陰隲　富貴榮華　始自今日	孕則生男財則遂　功名到底可相期 作事有成終有望　凡人皆可問謀為

【解說】

憑那三寸爛之舌遊說列國，合縱抗秦，佩了六國的相印，獲得功名利祿。完全憑他自己平生的才華，才有這個成就。如能再修善揚德，那麼萬里無雲，官運亨通絕對不可限量。

1.貴人：西南方。

2.失物：西北方尋找。

3.問病：肝、十二指腸、注意肝功能症狀。

第五十九籤——鄧伯道無兒（中平）

己 任

門衰戶冷苦伶仃
可嘆祈求不一靈
幸有祖宗陰騭在
香煙未斷續螟蛉

⊙解曰

功名	不須妄想	疾病	調治留神
官司	忍讓莫爭	家運	安份得福
求財	難遂所願	出外	不宜再往
婚姻	和合如意	事業	得不償失

【歷史典故】

晉鄧攸字伯道，永嘉末石助兵起倏挈家而逃，以其弟早亡特全其姪繫其子於樹而去，為吳郡太守載采之官俸祿，無所收惠政及民民歌頌之，後官至尚書卒竟無兒時人慕其名，以為天道無知而不想其縛子於樹，其心未免太殘忍也。

東坡解	碧仙註
門戶衰微　空自祈禱　幸有祖宗　陰騭可保 若問後嗣　異姓更好　更行善事　當得美報	寂寞之後好榮華　福自生來富貴家 凡事前緣宜有今　到門當戶必堪誇

【解說】

門庭中落，冷落車子稀，孤苦伶仃孑然一身。叫天天不應，求人人不理，求神神不應。不知修身積德，幸有祖先陰德護佑。又靠自己努力不懈的精神與奮鬥。即使沒有後代，也有養子可以繼承香火。

註：螟蛉，即「養子」。

1. 貴人：東北方。
2. 失物：東南方尋找。
3. 問病：心、小腸、舌、脈、耳、膀胱症狀。

第六十籤——宋郊兄弟同科（上上）

己	癸

羨君兄弟好名聲
只管謙撝莫自矜
丹詔槐黃相逼近
巍巍科甲兩同登

⊙解曰

功名	榮顯可期	疾病	快樂平安
官司	運合官星	家運	榮族興家
求財	財利與旺	出外	一帆風順
婚姻	終成眷屬	事業	飛黃騰達

【歷史典故】

宋宋郊弟都雍邱人，天聖初與弟同舉進士未第，時有僧相之云小宋當大魁天下，大宋亦不失功名，後數日僧見郊異之曰，君何滿面陰隲紋似救數萬生命者宋郊曰，惟前日見蟻被水掩戲將竹編橋渡之，僧曰即此便是當大魁天下後果然。

東坡解	碧仙註
兄弟聯芳　聲名自起　凡事謙偽　以全其美 前程遠大　好事近矣　兩兩高擢　同登甲第	同志同登兩得仙　時來凡事合先鞭 所謀所望皆如意　福祿榮華件件全

【解說】

兄弟聯枝，聲名名第。此時如日正當中之時。但不可過份驕恃，勿倚勢而盈滿，反而要更加謙虛才好。矜誇炫就是轉福為禍之根。天子詔書傳來好佳音，兄弟同登科。魁元之選兩位兄弟同登上科甲，前程遠大。

註：槐黃，即「槐花黃在四月」之意。

1.貴人：東南方。

2.失物：正南方尋找。

3.問病：心臟、小腸、耳、骨、腎症狀。

第六十一籤——蒯輒見韓信（中平）

庚 甲

嘯聚山林兇惡儔
善良無事苦煎憂
主人大笑出門去
不用干戈盜賊休

⊙解曰

功名	費得不就	疾病	快得平安
官司	正則無事	家運	安吉無慮
求財	財運平平	出外	為善得福
婚姻	帶結同心	事業	須防消耗

【歷史典故】

漢蒯輒字通范陽人，時韓信假節為齊王，輒知天下權在韓信往說之曰，今大王威震天下，與楚則楚勝與漢則漢勝，大王若不楚不漢鼎足三分可長保富貴，信謝之曰吾受漢王厚恩終身不忍背漢，後信被呂后所殺，臨刑有悔不聽蒯通之言。

東坡解	碧仙註
惡少操心　欲害良善　彼何能為　徒逞強健	心驚如踏一層冰　長敬番成度量生
君子善勝　收功不戰　有神相之　陰消禍變	一葦一航波浪足　騣騣喜色藹門庭

【解說】

聚集在山林中的凶惡盜賊，據山林為王。來往山林的行人皆會驚懼與惶恐，惟不失去財物和生命。主人心中自有良謀與對策，而臉帶微笑出門而去。不用動武只用口舌，笑談歡愉間平服了盜賊。轉禍為福。

註：主有驚無險。若能守善修心。則有德曜在身。神明助也。

1. 貴人：西南方。
2. 失物：東北方尋找。
3. 問病：肝、膽、眼、筋骨、胃腸症狀。

第六十二籤——韓信戰霸王（中平）

庚　乙

百千人面虎狼心
賴汝干戈用力深
得勝回時秋漸老
虎頭城裏喜相尋

⊙解曰

功名	祿在其中	疾病	心誠求禱
官司	理直必勝	家運	門庭瑞藹
求財	有利可獲	出外	一帆風順
婚姻	合配良緣	事業	基業光彩

【歷史典故】

韓信率諸侯兵，與楚王大戰於九里山，十面埋伏圍籍垓下，籍走至烏江有高長檥舟以待，曰今獨臣有船王急渡江東亦足王也，籍笑曰江東子弟仝與籍渡江，西誅秦無道今無一人還，縱江東父兄憐而王我，我獨不愧於心乎，竟自刎而死。

東坡解	碧仙註
人多謀害　汝善卻敵　縱有憂驚　終自消釋	各人心術各人行　須要心機更自精
得勝回時　定在秋日　圖向西方　事事皆吉	只恐榮華方到手　秋風吹散葉飛聲

【解說】

一群如狼似虎偽善的小人，心存惡念。在你的周圍伺機陷害。幸好你有過人的應變能力，能剋制這些小人加以退卻。雖有驚無險。惡人終於消逝了。是時已經在人生蕭瑟的秋天了。但秋光漸老好景不多。在那虎頭城裡相遇尋歡吧。

1. 貴人：西北方。
2. 失物：正東方尋找。
3. 問病：肝、膽、大腸、鼻、皮毛症狀。

第六十三籤——楊令公撞李陸碑（中吉）

庚 丙

曩時征北且圖南
筋力雖衰尚一堪
欲識生前君大數
前三三與後三三

⊙解曰

功名	心正成功	疾病	病到春安
官司	喜報佳音	家運	昌後可期
求財	以義為利	出外	和氣致祥
婚姻	和合佳偶	事業	公平利市

【歷史典故】

宋楊業太原人，先事北漢屢立戰功，號楊無敵，後降從招說使潘美征遼，被遼將耶律斜軫伏兵於陳家谷，業以孤軍深入美妬恨之故，不發援師欲置其死，業被困無援撞李陵碑而死，此見於北宋志傳與史稱被擒不食而死矣。

東坡解	碧仙註
前後謀望　皆有所成　晚年經商　尚堪一行 福分數定　不虧不盈　若欲多取　徒芳神精	作事當圖共老成　莫疑阻漸沒通亨 要知勤苦勞神處　正是皇天玉手更

【解說】

曾經南征北討，立下汗馬功勞。現已失敗了，現在東山起吧！你還可振作起來。如果要想知道一個人福份定數，只要你認識盛衰循環的道理就會領悟了。

註：「前三三」，三三得九。寓十九、廿九、卅九之意。「前三三」失敗了。「後三三」，當指四十九、五十九、六十九的機會了。

1. 貴人：西北方。
2. 失物：正東方尋找。
3. 問病：腎、膀胱、耳、骨、膽症狀。

第六十四籤——管鮑分金（上上）

庚	丁
吉人相遇本和同	人力不勞公論協
況有持謀天水翁	事成功倍笑談中

⊙解曰

功名	吐氣揚眉	疾病	良醫癒病
官司	理直而勝	家運	家慶添丁
求財	大道生財	出外	勤儉榮歸
婚姻	和合偕老	事業	利生加倍

【歷史典故】

春秋管仲與鮑叔未仕時，同為賈分金仲多，自與鮑叔知其貧不以為貧後，鮑叔為齊桓公大夫，竟薦仲為齊相佐桓公，尊周攘夷霸諸侯一匡天下，管仲曾曰生我者父母知我者鮑叔也。

東坡解	碧仙註
與人謀合　況遇朝貴　援手提攜　事皆稱意 勿勞餘力　成就甚易　出入皆宜　吉無不利	作事須知兩不同　主謀全仗貴人功 但凡事事皆如意　只恐人生談笑中

【解說】

吉人自有天相。大家相遇在一起，特別的投緣，更有談不完的話題。彼此融洽，當然是成功的。天水翁是指遇的貴人。一唱一和，非常順利。水到渠成，諸事順遂。在和諧的討論成功。且大家均在笑談風生中。

1. 貴人：西南方。
2. 失物：東南方尋找。
3. 問病：肝、膽、眼、牙、筋骨症狀。

第六十五籤——蒙正木蘭和詩（上上）

庚　戊

朔風凜凜正窮冬
多羨門庭喜氣濃
更入新春人事後
衷言方得信先容

⊙解曰

功名	榮耀門弟	疾病	快得平安
官司	正則無事	家運	家多幸福
求財	財源廣進	出外	一帆風順
婚姻	勿過奢求	事業	任勞有力

【歷史典故】

宋呂蒙正字聖初河南人，微時曾在僧家別院木蘭寺內，和詩其品迥異，庸流迨太宗時果舉進士第一，後三居相位引薦人材，使上下各稱其職稱賢相焉。

東坡解	碧仙註
數極于冬　窮久則通　交季冬月　喜氣重重 新春一至　和氣愈充　好遇貴客　百事皆同	不意反成得意歸　入門一卦見仙機 當時險難皆平靜　百事和諧沒是非

【解說】

寒冷北風呼呼吹著，正在酷冷的冬天。指人生的窮困潦倒，沈滯已久的景氣之中。門庭漸有春天的氣息，花香鳥語亦見可聞。萬象更新，三陽開泰，是春的氣息。貴人出現，和氣致祥。好日子已經來到了。

1.貴人：西北方。

2.失物：正南方尋找。

3.問病：腎、大腸、耳、皮毛症狀。

第六十六籤——杜甫遊春（上上）

庚	己

耕耘只可在鄉邦
何用求謀向外方
只見今年新運好
門蘭喜氣事雙雙

⊙解曰

功名	顯達可期	疾病	災厄快消
官司	有貴可勝	家運	喜氣盈門
求財	利路亨通	出外	忠恕路平
婚姻	百歲和諧	事業	經營如意

【歷史典故】

唐杜甫字子美杜陵人，玄宗朝獻賦命待詔，集賢院後轉檢校工部，員外卻甫覽君書善為詩歌，涵渾汪洋千態萬狀，陳時事確切精深，世號詩史元禎，謂詩人以來未有如子美者，惟好賞春山故每當春晴必遊郊外。

東坡解	碧仙註
出外不宜　在家必達　時運將亨　財祿俱發 好事重重　門庭改革　若欲遠圖　弄巧成拙	自家安分莫他求　自有榮華切莫憂 喜得一陽天氣象　也知春煖勝三秋

【解說】

要耕耘田地可在自己的家鄉，何必出外奔波求謀事。照理說今年會有好的運氣。只要殷勤勞動，必能得利益，且能安享天倫之樂。唯主要腳踏實地。吉祥如意。門庭充滿了喜氣洋洋。

1. 貴人：西北方。
2. 失物：東南方尋找。
3. 問病：肝、眼、頭、筋、耳、膀胱症狀。

第六十七籤——江遺囑兒（中平）

庚 庚

纔發君心天已知
何須問我決狐疑
願子改圖從孝悌
不愁家室不相宜

⊙解曰

功名	光明未通
官司	以和為貴
求財	等待時機
婚姻	未能如意
疾病	尋求良醫
家運	時生不和
出外	暫守家園
事業	命未逢時

【歷史典故】

江遺應是江革南朝梁考城人，字休映，少孤貧好學不倦，南齊時試大學為王融所器重，於竟陵王蕭子良西邸學士，入梁任御史中丞，敢劾權貴為北魏所俘虜放還。

東坡解	碧仙註
訟和貴　病改醫　財有恃　婚姻遲 問行人　尚未歸　能改過　事皆宜	立志須從善道中　天難瞞隱意先通 能行好事培根本　管取家門喜氣濃

【解說】

當你一念初動之際，是善是惡。人可瞞，天不可瞞。早已經知道了。何須啟問，只唯望你改過向善，自然福至心靈，不必等到神祇來告訴你。孝悌乃家庭和樂之泉源，萬善之本，人能孝悌，而家室自宜。

1.貴人：正北方。

2.失物：正東方尋找。

3.問病：肝臟、膽、眼、筋骨症狀。

第六十八籤——錢大王販鹽（中平）

庚		辛	
南販珍珠北販鹽	年來幾倍貨財添	勸君止此求田舍	心欲多時何日厭

⊙解曰

功名	勤則有功	疾病	靜養可癒
官司	順理可勝	家運	清吉平安
求財	貪則兩空	出外	前途福利
婚姻	亦可宜家	事業	盡力經營

【歷史典故】

唐錢鏐臨安人，微時以販鹽謀生，值黃巢亂以鄉兵破走之，又以八都兵討劉漢宏破越州，以迎董昌而自居，於杭及董昌反鏐執之歸，杭昭宗拜為鎮海鎮東兩軍節度使，朱溫纂唐封與越王傳至孫忠，懿王俶乃納土於宋。

東坡解	碧仙註
謀望既遂　利亦倍收　貪心不止　必獲後憂 知足不辱　可樂優游　凡事如意　可休則休	一樣工夫不兩般　得寬閒處且寬閒 若謀富貴不知足　自有災愆不待言

【解說】

到南方販賣珍珠，南征北討幾年下來，貨財倍添，已經賺了好幾倍的錢財。勸你到此為止，可到鄉下去享福了。但是內心貪得無厭，像蛇吞象。相信慾望永遠沒有滿足的一天。這樣會增加煩惱，到時易招惹禍端。慾望太高，那要到什麼時候才能休息呢。

1.貴人：西北方。
2.失物：正東方尋找。
3.問病：肺、大腸、鼻、脾、胃疾病症狀。

第六十九籤——孫龐鬪智（下下）

庚	壬

捨舟遵路總相宜
慎勿嬉遊逐貴兒
一夜樽前兄與弟
明朝仇敵又相隨

⊙解曰

功名	官司	求財	婚姻
妄求無益	仔細預防	事多阻礙	不合難容
疾病	家運	出外	事業
症狀拖纏	爭吵不息	外出不吉	須防消耗

【歷史典故】

齊孫臏魏龐涓其初同師，事鬼谷子，涓之才學弗如臏嘗與鬥智輸之，涓忌其能致結成仇，彼此謀害君子觀於異日，涓刖臏足臏喪涓命互相殘，忍毋乃其不仁不智之甚與。

東坡解	碧仙註
捨舟登路　宜踏實地　莫伴貴兒　自當年記 好中成惡　口舌立至　戒之慎之　樽節遊戲	得意濃時終失意　親朋遇我莫相隨 強言說得如甘蜜　那得開心見膽時

【解說】

捨棄舟船，登上了路，一切都是好的。人生的寶貴時光，希望不要浪費在交遊嬉戲之中。今夜的酒肉朋友在那裏稱兄道弟，為了利益明日變成對立的仇人。

註：須防小人。口舌是非。戒之。

1.貴人：東北方。

2.失物：東南方尋找。

3.問病：心臟、小腸、舌、膽症狀。

第七十籤——王曾祈禱（中平）

庚	癸

雷雨風雲各有司
至誠禱告莫生疑
與君定約為霖日
正是蘊隆中伏時

⊙解曰

功名	官司	求財	婚姻
光明未至	勝則勿驕	和氣生財	配合不吉
疾病	家運	出外	事業
藥良病安	家常注意	安份守家	公道發展

【歷史典故】

宋主曾字孝先益都八，自少穎悟善為文辭，咸平中三元及第，累官石僕射乎，章事封沂國公謚文正，居官之日偶値乾旱，輒竭誠禱必沛自霖，乃止其在明廷色危，言進退士人莫有知者，曾曰夫執政者恩欲歸己，怨欲歸誰范仲淹深服其言。

東坡解	碧仙註
吉凶悔吝　各有神司　若問濟事　在中伏期 如旱得雨　恰慰雲雷　凡所謀望　直待其時	貧富當知各有司　功名姻事待其時 謀望定應庚日至　季夏交臨事合宜

【解說】

天象的變化無常，冥冥之中有主掌者各司專職。打雷，下雨，起風時，非人類可以任意操控。但是至誠可感動天，只要你誠心誠意的禱告上天，心誠所至天地為開。上天應會在酷熱的乾旱普降甘霖。甘霖日是夏至後的第四次庚日也，就是中伏之期。一切謀望即可兌現。

1.貴人：東北方。

2.失物：西南方尋找。

3.問病：心、小腸、舌、脈、大腸、鼻症狀。

第七十一籤——蘇武還鄉（中平）

辛　甲

喜鵲簷前報好音
知君千里欲歸心
繡幃重結鴛鴦帶
葉落霜凋寒色侵

⊙解曰

功名	漸入佳境	疾病	病情堪慮
官司	以和為貴	家運	安份得福
求財	財源來至	出外	出外不吉
婚姻	謹慎可喜	事業	現運平平

【歷史典故】

漢蘇武字子卿，杜陵八天漢初中郎，將奉命使匈奴被留，手持漢節牧羊海上十九年，初單于留武詐以死報漢，後漢使至匈奴偵知武所在，乃請明寺放歸，詐以應為傳書至漢，知正在海上，牧羊為請單于驚為神乃放歸。

東坡解	碧仙註
好音報喜　遠涉方回　交冬之際　家室和諧 凡事終吉　且待將來　自有成就　不必疑猜	凡事要經畫　須待好時來 到底方就成　何必致疑猜

【解說】

喜鵲飛到屋子下預報佳音。知道從遠方馳奔歸來。故家人在閨房繡幃帳內，重新結上鴛鴦彩帶，等待你的歸來。一家團聚言歡。是時已在寒冷的秋冬之際。

註：問婚姻。主有重婚之象。問病是凶兆。

1.貴人：西南方。

2.失物：西北方尋找。

3.問病：脾、胃、口、膽、眼、筋症狀。

第七十二籤——范蠡歸湖（下下）

辛	乙

河渠傍路有高低
可歎長途日已西
縱有榮華好時節
直須猴犬換金雞

⊙解曰

功名	光明阻滯	疾病	祈禱求安
官司	須避官司	家運	但求平安
求財	財源未至	出外	外不如內
婚姻	良緣較晚	事業	且待時機

【歷史典故】

春秋范蠡字少伯，吳人，與文種同為我大夫，吳滅越蠡與種為越王勾踐畫策，卑詞請成復求民間美女，得西施進於吳，迨滅吳功成，蠡知勾踐可與同患難，不可共安樂，乃官扁舟湖之上，千陶復以謀生致富，稱陶朱公凡三徙方成名，後不知所終。

東坡解	碧仙註
修路崎嶇　況當衰晚　求事多難　徒自嗟嘆 逢由酉戌　年月日見　若運此時　稍可如願	平川靜處被風傷　愛巧番成拙一場 縱饒願得平川靜　只恐榮華不久長

【解說】

首路崎嶇，高低平平，極度危險。走了一段漫長又坎坷，不知盡處。此刻已是日落西山，縱然有過一段榮華的好時光，那是一剎那的時光，並不能維持長久。猴屬申。雞屬酉。犬屬戌。要東山再起，也要等到申酉戌年月日時。也是金土之流年。此刻運程甚凶。切記宜耐守之。

1. 貴人：東南方。
2. 失物：西北方尋找。
3. 問病：脾、胃、口、眼、肝症狀。

第七十三籤——王昭君憶漢帝（下下）

辛

憶昔蘭房分半釵
而今忽把信音乖

丙

痴心指望成連理
到底誰知事不諧

⊙解曰

功名	費時不就	疾病	病情堪慮
官司	切勿妄動	家運	離散堪慮
求財	財源不聚	出外	守家為上
婚姻	二度婚緣	事業	不必多求

【歷史典故】

昭君歸州人，漢元帝宮女，會匈奴求婚，昭君詣闕上書，請行既嫁單于其心未曾忘漢曾上漢帝書曰，臣妾幸得備禁鑾，以為身依月日死有餘芳，豈料失意丹青遠竄絕域，命也奈何，妾有父有弟願君王憐而愛之。

東坡解	碧仙註
事多離散 難望再成 痴心未解 尚自客情 縱能強合 終必敗盟 凡事謀望 守宇真誠	訟事有阻 問財成空 家人嗃嗃 憂心忡忡

【解說】

你希望我另一半的金釵為信物。曾是山盟海誓，互定盟約。怎知情意生變，如今卻音信全無。痴心的等待結成連理，誰知最後的希望還是落空。

註：占此籤宜多修善植德。祈求神保佑。

1.貴人：東北方。

2.失物：西南方尋找。

3.問病：肺、大腸、鼻、口、膀胱症狀。

第七十四籤——崔武求官（上吉）

辛
丁

崔巍崔巍復崔巍
履險如夷去復來
身似菩提心似鏡
長安一道放春回

⊙解曰

功名	謙以取勝	疾病	調治留神
官司	有貴可勝	家運	安份得福
求財	難遂所願	出外	得利便回
婚姻	謹慎處理	事業	知足可樂

【歷史典故】

崔顥公元——七五四年，唐汴州人，開元十一年進士，元寶年間任尚書，司勳員外郎以詩名，曾登武昌黃鶴樓，賦詩為李白所推崇有句云：眼前有景道不得崔顥有題上頭著作許多。

東坡解	碧仙註
路途嵩險　心卻平夷　轉凶為吉　終免憂疑 更宜守正　切莫改移　履道坦坦　何福不隨	至再至三方見效　聿然機會可重逢 此心無愧何憂事　謀盡終成不計功

【解說】

一峰又一峰，層峰幛山路險。嵩險的路途，卻能履險如夷。去了又回來，始終化陰為夷，安詳自在。身像菩提能結善果，心如明鏡無塵埃。只因人能正其心，平常心，上天自然保護你，平安回來。功名富貴之路，如春色之榮暢。唯慎持身心。

1. 貴人：四季方。
2. 失物：正北方尋找。
3. 問病：腎、膀胱、耳、口、眼、筋骨症狀。

第七十五籤——劉小姐愛蒙正（中吉）

辛 戊

生前結得好緣姻
一笑相逢情自親
相當人物無高下
得意休論當與貧

⊙解曰

功名	心善必昌	疾病	平安吉兆
官司	有貴則和	家運	和氣致祥
求財	進取有利	出外	候時而行
婚姻	天配良緣	事業	事業及時

【歷史典故】

誌乘云呂蒙正妻劉氏，樞密文茂之女，蒙正未逢時茂當輕之有悔意，劉小姐獨愛之同居破窯，因見蒙正舉止不凡，知蛟龍非久困池中物也，後果大魁天下三居相位，受封蔭焉。

東坡解	碧仙註
既有夙約　一見如故　所謀皆同　事多就緒 何必相逢　又分爾汝　且順而行　事無齟齬	兩情如水素流通　何況機緣舊日同 分外人交分外話　如鴻遇順穩乘風

【解說】

好像是前世修來的好婚緣，今生一見如故，格外傾心。當然機緣絕非偶然，是善因結下好善果。只要是對方人品不錯，此時就沒有階級高低之分。因已沐浴在愛河之中，更不可重富嫌貧。

1. 貴人：西北方。
2. 失物：東北方尋找。
3. 問病：大腸、肺、經絡、精血、小腸症狀。

第七十六籤——蕭何註律（中平）

辛 己

三千法律八千文
此事如何說與君
善惡兩途君自作
一生禍福此中分

⊙**解曰**

功名	等待科運	疾病	仔細治療
官司	仔細預防	家運	時生不和
求財	事多阻礙	出外	近求有利
婚姻	選婚注意	事業	貪營不利

【歷史典故】

漢蕭何沛郡豐人，微時曾為刀筆史，後佐漢高帝定天下，為宰相以功封酇侯，漢既一統以三章之約，非可長治天下，乃命蕭何註律使民知所守法焉。

東坡解	碧仙註
吉凶多變　非止一端　言不盡意　當以心觀 福因積善　禍胎稔惡　知所趨避　宜自先覺	訟庭有險　莫求尋　只恐憂疑亂了心 凡事要知前定數　但將善惡自浮沉

【解說】

舊時代的法律，修文有三千條，解釋的文字有八千字。要怎樣向你解說呢。其實為善為惡，只要問自己的良心就知道了。也是由於自己善惡作為而分的。

註：善者為福水，澄澈清明。惡者禍泥，阻滯薰臭。其意深切明顯，世人不可不敬畏之。

1.貴人：西北方。

2.失物：東南方尋找。

3.問病：腎、頭、骨、囊、膀胱症狀。

第七十七籤——呂后害韓信（下下）

辛　庚

木有根荄水有源
君當自此究其原
莫隨道路人閒話
訟則終凶是至言

◎解曰

功名	功名不遂	疾病	祈禱求安
官司	和以避禍	家運	離散堪慮
求財	貪多反少	出外	外出不吉
婚姻	不能完滿	事業	一籌莫展

【歷史典故】

漢之得天下信功居多，初封齊王後改封楚王，高祖後疑其反，仍偽遊雲夢，執歸京師降封，淮陰侯信以失職怨望羞與絳灌等為伍，會帝親征陳狶家僮上變，呂后乃與蕭何定計誘信入朝，竟斬信於未央宮夷其三族。

東坡解	碧仙註
禍因惡積　當究其源　最宜向善　病保安存 自當謹慎　勿信人言　若有偏狗　禍及家門	口是禍之因　人言有過迍 訟則終不利　謹守福隨身

【解說】

樹木有根基，水有源頭而流長。你應該好好思考其原本，更不能聽信旁者之言語，要過濾事之是與非。還有「病從口入，禍從口出」。切記這句至理名言。

註：俗云：「善是福之本，惡是福之根。」

1.貴人：正北方。

2.失物：正南方尋找。

3.問病：肺、大腸、小腸、胃、精血症狀。

第七十八籤——袁安守果（下下）

辛　辛

家道豐腴自飽溫
也須肚裏立乾坤
財多害己君當省
福有胚胎禍有門

⊙解曰

功名	不須妄想	疾病	祈求神恩
官司	陰謀有損	家運	難得安寧
求財	貪多反少	出外	四方不利
婚姻	選婚注意	事業	盈利不佳

【歷史典故】

漢袁安字邵公汝南人，少時貧困志行清高，曾高臥雪上，後室孝廉除陰平長任城會所在，吏人畏而愛之，至為三分時漢舉中微，外戚強盛朝廷之上，皆倚賴安一人焉。

東坡解	碧仙註
家道昌盛　猶宜謹守　自立主張　祈求獲佑 輕財重道　方能長久　善善惡惡　自作自受	一人會處一人事　莫管他人閑是非 若能作福求安靜　雖否還能轉福機

【解說】

家道昌隆，衣食飽暖，此時的你也須自作主張，不可仗富凌人。更不能隨意聽信他人之妄言，是非口舌自取煩惱。財多反害己，你應該時時刻刻反省警惕自己。吉凶禍福，都是自招惹出來的。因此，做什麼事情都要三思而後行。

註：此籤示人趨凶避凶之道理。

1. 貴人：正北方。
2. 失物：正南方尋找。
3. 問病：十二指腸、肺、手、髮、膽症狀。

第七十九籤——買臣五十富貴（中平）

辛 壬

乾亥來龍仔細看
坎居午向自當安
若移丑艮陰陽逆
門戶凋零家道難

⊙解曰

功名	科運未至
官司	以和為貴
求財	現運平平
婚姻	配合不良
疾病	另找良醫
家運	門庭冷落
出外	外出不吉
事業	須防消耗

【歷史典故】

宋神宗趙頊，宋朝第五任皇帝，國號熙寧，元豐西元一〇六八至一〇八五在位共十七年，傳位給哲宗煦。

東坡解	碧仙註
立宅安墳　當明正向　龍穴雖吉　向差則病 凡百謀望　南向則善　一或他向　恐不如意	天然得個好規模　心計雖靈莫改圖 妄作妄謀終是拙　吉凶分界莫岐趨

【解說】

天道行運有一定的道理，春夏秋冬依序循環，自以坐坎向午為順。若執意偏見，改作五艮坐穴，是為陰陽北逆，豈非自招門戶凋零。應為家敗退中落也。

註：乾亥居坐西北方。坎居西南西。午是正南位。坐坎向離。自與乾亥陰陽交叉之美。安穩不用置疑。則與乾亥陰陽相反。奈何移穴坐此。亦隨敗退也。

1. 貴人：東北方。
2. 失物：西南方尋找。
3. 問病：心臟、眼目、精神、胃腸症狀。

第八十籤——陶侃卜牛眠（中平）

辛　癸

一朝無事忽遭官
也是門衰墳未安
改換陰陽移禍福
勸君莫作等閒看

⊙解曰

功名	改造有成	疾病	變應堪慮
官司	有貴可解	家運	家常注意
求財	事多阻礙	出外	出外不吉
婚姻	選婚注意	事業	力營慎守

【歷史典故】

陶侃公元二五九——三三四年晉潯陽人，字士行，早孤貧為縣吏積功，漸遷荊州刺史，遭王敦忌轉任廣州刺史，勵志勤力竹頭木屑皆儲備寸惜寸陰者。

東坡解	碧仙註
風水不利　門戶衰蹇　致招殃咎　有此禍變 急宜速改　避惡向善　若能戒意　庶幾脫免	禍福無門咎有因　免求地理與星辰 若能積善祈天佑　禍自消除福自新

【解說】

在早晨閒坐一時。在沒有徵兆的情形下，忽然遭遇到有關官司的事。想想也是風水不好的關係，那麼擇吉良辰，改換下陰陽或南北，或東西方向，也許可移轉禍福消災厄。奉勸你可不能當為無稽之談啊。

1.貴人：東北方。

2.失物：東北方尋找。

3.問病：大腸、肺、經絡、牙、喉症狀。

第八十一籤——寇公任雷陽（中吉）

壬甲

假君財物自當還
謀賴欺心他自奸
幸有高臺明月鏡
請來對照破機關

⊙**解曰**

功名	知足不辱	疾病	遇到良醫
官司	以和避禍	家運	難得安寧
求財	遭遇不佳	出外	人困馬乏
婚姻	選婚注意	事業	命未逢時

【歷史典故】

宋寇準字平仲，下邽人，年十九舉進士，真宗時知同州判永興軍，盡心民事，每日有一時之間，則有一時之滯，拜相決策成澶淵之功，出鎮大名貶雷陽，準內儉外奢寢處一青幃二十年，仁宗朝贈中書令，封來公。

東坡解	碧仙註
負人財物　欺賴自奸　幽有鬼神　顯有清官 一朝照破　難逃其禍　每事依心　無施不可	本分兩字　合天合地 若有虧心　神明共棄

【解說】

借貸物品錢財，物歸原主，也是理所當然。如果存心欺賴或賒欠，這是情理之變。有一天到了明鏡高懸的官府裡，就難逃因被識破奸詐而吃上官司。

註：凡事依本分，毋逞狡詐。本分到處可行，狡詐自害其身也。

1. 貴人：東南方。
2. 失物：西南方尋找。
3. 問病：心臟、眼睛、精神、小腸症狀。

第八十二籤——宋仁宗認母（上吉）

壬		乙	
彼亦儔中一輩賢	勸君持達與周旋	此時賓主歡相會	他日王侯卻並肩

⊙解曰

功名	貴人提拔	疾病	靜養漸安
官司	貴人濟助	家運	人口安全
求財	福利可增	出外	外出有貴
婚姻	琴鳴瑟應	事業	命官有祿

【歷史典故】

宋史仁宗李娠妃所生，劉后抱養為己子，左右皆畏后威無敢言者，故帝不知也，及娠妃卒后欲以婢禮葬之，宰相呂夷簡請厚葬，后怒曰一宮人死相公何云云欲離間吾母子，耶夷簡對曰太后不以劉氏為念，臣不敢言尚念劉氏則禮宜從厚焉，后悟乃以一品禮，夷簡再請以后服殮水銀實棺太后許之，迨后崩有為帝言娠妃所生，及妃薄殮之事帝號慟，即往祭易梓官親啟視之，妃以水銀實棺面色如生，冠服悉如皇后，帝歎曰人言其可信哉待劉氏加厚。

東坡解	碧仙註
事有相干　宜與效力　君既周旋　他必報德 凡所謀為　遇貴方得　神力陰扶　福報有日	凡事成全必有因　交情初淡後相親 貴人提起無難力　君子相逢便認真

【解說】

他是我輩中的一位賢人，勸你特別和他多交往，對你自然有益處。今朝能夠賓主相聚並歡，和樂融融，待日後平步青雲之時，顯貴王侯之日，則有平起平坐的佳機。

1.貴人：正東方。

2.失物：正南方尋找。

3.問病：大腸、肺、經絡、小腸、精血症狀。

第八十三籤——諸葛孔明學道（下下）

壬　丙

隨分堂前赴粥饘
何須妄想苦憂煎
主張門戶誠難事
百歲安閒得幾年

⊙**解曰**

功名	布衣安老	疾病	治病留神
官司	切勿妄動	家運	家常注意
求財	貪多反少	出外	碌碌徒勞
婚姻	配合不吉	事業	空費心力

【歷史典故】

漢諸葛亮字孔明，瑯琊人，漢末避居南陽，志學清修養生之道，研究奇明遁法，天文術數卦算韜略，無所不精，初不求賢達於諸侯，後徐庶薦於劉先生，先主凡三往問計延為軍師，先主即位拜丞相受以託孤，後主封為武卿侯卒謚忠武。

東坡解	碧仙註
好事隨緣　莫貪莫競　且宜守成　庶保安靜 若更妄求　必主多憂　何如退省　以遂優游	守己當知事莫為　莫將心術肆凌欺 依然舊日規模好　休聽閒人說是非

【解說】

安分守己清閒坐食饌粥以待時，何必妄想貪求名利。強求只會招來更多不必要的煩惱與煎熬。想要自立門戶是一件很困難的事。人生百歲的過程中，無憂無慮的安享天年能有幾時。

註：不可妄為躁進。恬靜則吉。妄動則凶。凡事隨緣。

1. 貴人：東南方。
2. 失物：東南方尋找。
3. 問病：心臟、眼睛、精神、膀胱症狀。

第八十四籤——須賈害范睢（中平）

壬		丁	
君家事緒更紛然	當局須知一著先	長舌婦人休酷聽	力行禮義要心堅

⊙解曰

功名	妄想無益	疾病	安心休養
官司	以和為貴	家運	難得平安
求財	良心得意	出外	近求有利
婚姻	選婚注意	事業	貪營不利

【歷史典故】

戰國范睢字叔魏人，事須賈使齊攘王賜金，及牛酒睢辭賈知之，歸告魏杞魏齊，齊怒笞，擊睢折脅摺齒睢佯死，得脫入秦，說昭王拜相須賈使秦，睢敝衣微眼至邸見賈，賈驚曰范叔固無恙乎，何一寒至此乃取綈袍贈馬，睢以賈有故人風釋之

東坡解	碧仙註
萬事一理　各有先見　莫聽人言　激成多變 依理而行　禍自可免　當堅乃心　毋或退轉	雨下相謀要見他　更然未可便平和 若從音信求安靜　只恐將來事轉多

【解說】

家中的事千頭萬緒一場混亂，當事者必要有主見。準備一著的先機，才有制勝的機會。須定見不可隨意聽信他人之言，尤其是婦人，要有堅定的決心去力行禮義，到最後才能成功。

1.貴人：東北方。

2.失物：東南方尋找。

3.問病：心臟、眼睛、肝、十二指腸症狀。

第八十五籤——姜女尋夫（中平）

壬 戊

一春風雨正瀟瀟
千里行人去路遙
移寡就多君得計
如何歸路轉無聊

⊙解曰

功名	費時不就	疾病	祈求神恩
官司	適可而止	家運	離散堪慮
求財	貪多反少	出外	得益宜回
婚姻	配偶不合	事業	不必多求

【歷史典故】

野史秦孟姜女，夫范杞郎，奉命作長城之役，姜女往尋之，及至知夫已死，欲尋骸骨歸葬，神為指處咬指出血點認夫骨，號慟大哭長城為之崩，婦人守節自孟女始。

東坡解	碧仙註
時之未遇　歷涉艱苦　巧計雖多　終於無補 且宜守舊　免致招災　已成長保　禍去福來	貪得不知義　財多是禍胎 若能隨本分　時到花便開

【解說】

東風來了，春天的腳步到了。春雨綿綿下著不停，路上泥濘不堪。千里路遙迢，路上行走艱困難行。若不知份待時，妄想行事，豈知理數已定，終會無濟於事的。

註：且宜守舊安份。毋過於取巧仍是空。

1.貴人：東南方。
2.失物：正南方尋找。
3.問病：主腎、膀胱、頭、骨、囊等症狀。

第八十六籤——管鮑為賈（上吉）

壬　己

一般行貨好招邀
積少成多自富饒
常把他人比自己
管須日後勝今朝

⊙解曰

功名	榮耀可期	疾病	日漸康安	官司	從心所欲	家運	合家康泰
求財	財帛臨門	出外	為善得福	婚姻	宜爾室家	事業	大進資財

【歷史典故】

春秋管仲與鮑叔，微時曾同為賈及分金管仲多，自與鮑叔知之不以為貪，知其貧也，後鮑叔為齊桓公大夫，薦仲為相，其善全交道有如此者。

東坡解	碧仙註
同時經營　皆欲成家　將人比己　不得矜誇 自然天佑　福祿亨嘉　更宜方便　錦上添花	莫將心膽用偏欺　更行方便兩相宜 似此謀爲須進步　若還獨力莫扶持

【解說】

一半貨物，人人爭先恐後的要來購買。貨物價廉物美物超所值。商人薄利多銷，積少成多，當然富有。但要為別人設想，推己及人。將心比心，保護來日會比今日更發達。

註：但不求速。欲速而不達。

1. 貴人：東南方。
2. 失物：東北方尋找。
3. 問病：面、齒、喉、眼睛、精神等症狀。

第八十七籤——武侯與子敬同舟（下下）

壬　庚

陰裏詳看怪爾曹
舟中敵圖笑中刀
藩籬剖破渾無事
一種天生惜羽毛

⊙**解曰**

功名	大器晚成
官司	切勿妄動
求財	力營慎守
婚姻	擇配小心
疾病	治療留神
家運	家常注意
出外	安份守家
事業	自力更生

【歷史典故】

曹操已破劉備，備奔夏口依劉琦，操乘勢下江南，孫權大懼和戰未決，聞曹兵聲勢百萬，乃使魯肅往夏口探問虛實，並且孔明同入，吳肅欲戰於舟中，囑孔明日見吾主切勿言曹兵之多，勸其決戰合力拒曹，願先生相助焉。

東坡解	碧仙註
骨肉乖張　操戈入室　面上春風　胸中荊棘 何不思維　人己則一　若能和同　變凶為吉	自家何必操弋戟　若有平生便釋然 所在所為天地見　陰消漸弭可無愆

【解說】

暗地裏骨肉猜忌仇視。舟中勾心所鬥角，笑裡藏刀。表面可親，而內心陰狠歹毒。但願能不要有爾虞我詐之行為，不要有你我之分。四海皆兄弟，大家心誠相見，藩籬盡拆，則天下無事矣。大家用心愛惜羽毛。

註：彼此互相敬愛，大公無私取信於人。自然平安無事。

1. 貴人：東北方。
2. 失物：西南方尋找。
3. 問病：小腸、精血、肺、大腸、經絡等症狀。

第八十八籤——高文定守困（上吉）

壬	辛

從前作事總徒勞
纔見新春喜氣遭
百計營求都得意
更須守己莫心高

⊙解曰

功名	心正成功	疾病	必遇良醫
官司	正則無事	家運	昌後可期
求財	以義為利	出外	為善得福
婚姻	良緣佳配	事業	公平利市

【歷史典故】

戰國趙人趙襄子，被智伯及韓魏圍困於晉陽，群下皆有我外心唯高民不失禮，後襄子反聯韓魏滅智伯，三家分晉於襄子，行當以高氏為上功勞第一。

東坡解	碧仙註
平生勞苦　百事無成　時運將泰　謀望稚情 更宜謹守　貪心莫生　隨緣受用　坐亨安榮	貪心莫起且隨緣　營謀勤謹要心堅 但得時運亨泰日　富貴榮華萬事全

【解說】

以前所做的事都沒有成功，空白的努力。喜見春天的一道曙光，時運已漸亨通。凡所求謀的事，都能順心如意。因此更要謹守自滿，不要過份的奢求。世間的福份自有定數，不可大意妄為。

1. 貴人：東北方。
2. 失物：東南方尋找。
3. 問病：十二指腸、肝功能差等症狀。

第八十九籤——薛仁貴投軍（中平）

壬 壬

樽前無事且高歌
時未來兮奈若何
白馬渡江嘶日暮
虎頭城裏看巍峨

⊙**解曰**

功名	時機未至	疾病	必遇良醫
官司	正則無事	家運	春滿門庭
求財	良心得意	出外	祿生四方
婚姻	心專自成	事業	守成勿濫

【歷史典故】

漢班超安陵人，彪之子少有大志，家貧傭書養母，曾投筆歎曰大丈夫當立功，異域以取封侯安能久事，筆硯乎明章兩朝征定五十餘國，封定遠侯久鎮西域，年老乞歸，帝便任尚代之，故超得歸人，玉門關至京未幾而卒。

東坡解	碧仙註
時運未遇　且自開懷　年月逢午　好事方來 雖臨晚景　掀轟一迴　眾人聳看　積粟多財	笑面有刀　一生徒勞 等得時來　日落天高

【解說】

時運未到。閒來無事，獨自消遙且杯酒高歌。何必長呼短嘆呢。時運還沒有到，又能奈何呢?最好是娛樂自己。當運來時。騎著白色的駿馬渡過江。步入秋老的晚年。虎頭城裡看到昔日英雄的榮耀。

1. 貴人：正東方。
2. 失物：正南方尋找。
3. 問病：心臟、眼睛、精神等症狀。

第九十籤——楊文廣陷柳州（中平）

壬 癸

崆峒城裏事如麻
無事如君有幾家
勸汝不須勤致禱
徒營生事苦咨嗟

⊙解曰

功名	且待時機	疾病	日漸康安
官司	和則兩美	家運	和氣致祥
求財	財源不聚	出外	守家為上
婚姻	配偶小心	事業	安份守己

【歷史典故】

正史稱宋楊文廣延昭子，從狄青南征儂智高為廣西鈐轄，兵陷柳州青救之，與野史云文廣係宗之子，陷柳州被困，楊家諸女將往救焉，傳術迥異姑併錄之，仍宜從正史為是。

東坡解	碧仙註
人事擾擾　君獨清閒　不必瀆神　妄求多般 反招口舌　惹起禍端　急宜靜守　以保平安	在家安分好　莫笑別人難 若是貪瞋癡　身遭羅網間

【解說】

你所居住的地方世事如麻，人人勞苦不安，只有你獨待清閒悠哉之樂。像你那樣子享受太平之福的實在沒有幾家。勸你不必勤於禱告，如果妄求多事。要時時反求諸己。

註：以籤告誡當事人要知足。不要苦苦長嘆。必受勞苦煩惱之憂。

1.貴人：正東方。

2.失物：正南方尋找。

3.問病：心臟、小腸、面、齒、咽喉等症狀。

第九十一籤──趙子龍抱太子（中平）

癸　甲

佛說淘沙始見金
只緣君子苦勞心
榮華總得詩書效
妙裏工夫仔細尋

⊙解曰

功名	雖求無益
官司	仔細預防
求財	力營慎守
婚姻	選婚小心
疾病	養靜漸安
家運	人口安全
出外	安份守家
事業	公平利市

【歷史典故】

三國趙雲字子龍常山人，初依袁紹，後從劉先主時，曹操欲下江南，先攻先主於新野，先主走樊城復敗於當陽，家眷失散，雲於土墻下遇糜夫人將子阿斗托雲，雲將馬授夫人，夫人不肯授投井而死，雲哭埋畢，懷抱阿斗殺出重圍。

東坡解	碧仙註
淘沙見金　勤苦方得　富貴榮華　皆是書力 肯用工夫　自然有益　惰於經營　終無所獲	銳志功名　不宜徒躁 用心用力　自有功效

【解說】

佛說要淘沙才能發現金子，如果你不用心去淘，金子就要快被埋沒了。富貴榮華，都要靠努力用功才能開花結果。專精的工夫必須慢慢磨鍊出來的。如求功名也必有十年寒窗苦讀，最後才有所成就。

1.貴人：東南方。

2.失物：東南方尋找。

3.問病：肺、大腸、經絡、小腸、精血症狀。

第九十二籤——高祖治漢民（下下）

癸	乙

今年禾穀不如前
物價喧騰倍百年
災數流行多疫癘
一陽復後始安全

⊙解曰

功名	妄求無意	疾病	變症堪慮
官司	官符拖纏	家運	爭吵不息
求財	破財之運	出外	外出不吉
婚姻	擇婚小心	事業	須防消耗

【歷史典故】

諸侯既滅秦，惟項藉最強自立為西楚霸王，封高祖於漢高祖，與國民言曰父老苦，秦苛法久矣，毀謗者族偶語者，棄市民其何堪焉，今日者吾當王關中與父老約法三章，殺人者死，傷人及盜者抵罪，餘悉除去，民賴以安。

東坡解	碧仙註
目下求謀今不如昔 口舌疊來病多啾唧 時運尚乖至今不吉 待冬至後方時寧息	破財重重見最後不雷同 病主沉沉滯訟事必先凶

【解說】

今年的收穫不如從前，物價飛揚，漲到百年來罕見的現象。基於乾旱，與疫所致。加上到處流行疾病，人們的生活更加艱苦。須等到寒冬過後，一陽復始，春天的訊息來時，此時的運才能亨通，厄消福至。

1. 貴人：東南方。
2. 失物：西南方尋找。
3. 問病：肺、大腸、眼睛、精神等症狀。

第九十三籤——邵康節定陰陽（中平）

癸	丙

春來雨水太連綿
入夏晴乾雨又愆
節氣直交三伏始
喜逢滂沛足田園

⊙解曰

功名	好高無期	疾病	留意病情
官司	仔細預防	家運	家常注意
求財	財源不聚	出外	安份守家
婚姻	心專自成	事業	順其自然

【歷史典故】

宋邵雍字堯夫諡康節，精先天河圖數，著太極圖說祖方士陳摶之，學復定陰陽推八卦，著皇極經，世初王拱辰伊洛以雍應詔，除主簿不就熙寧二年，呂誨吳充復薦除推官仍辭，年六十七卒，贈著作郎元佑中韓維清再奏請予諡康節。

東坡解	碧仙註
盈虛消息　天道之常　春多如意　夏卻乖張 直交三伏　時運方昌　財多積聚　事事平康	舉意方濃卻未成　百般阻滯隔人情 直須忍耐毋求速　至否之中有泰亨

【解說】

入春以來，兩水連綿，過了一段日子。但一到夏天，卻是乾旱異常，一點雨水也沒有。一直到三伏之時，才喜逢甘雨霑足。

註：三伏，第三個庚日。初春天二三月時。謀望平穩順利。四五月間欠利。等到三伏時才會甘霖。

1.貴人：東南方。

2.失物：東北方尋找。

3.問病：肺、小腸、精血、頭、骨症狀。

第九十四籤——提結過長者門（中平）

癸　丁

一般器用與人同
巧斲輪輿梓匠工
凡事有緣且隨分
秋冬方遇主人翁

⊙解曰

功名	心善必昌	疾病	虔誠求治
官司	有貴則和	家運	清吉可安
求財	遭遇不佳	出外	和氣致祥
婚姻	勿過奢求	事業	神庇漸興

【歷史典故】

提結梁武帝時西域高僧也，有侯長者家資鉅萬一文不捨，提結到其門化緣，長者不見，令閽者語之曰，爾自謂高僧若能知我家中事即肯布施，提結將長者心事一一指出，長者受其點化而皈依，焉事載蕭梁逸走。

東坡解	碧仙註
機關謀望　人事雖同　隨緣隨分　心合上穹 秋冬時至　遇主人翁　藉此提攜　凡事皆通	說道惺惺勝別人　奈何由命不由身 時來方許成謀事　若要亨通候吉辰

【解說】

一般的器具，使用大致相同。但是遇到高深才技，如製造車輛的人與裝造車箱的人。要有精巧和配合洽當，不是一般人就能去從事這個工作。但至今乃未找到主人翁的提攜。神的提示應驗在秋冬。時機就到。

1. 貴人：東北方。
2. 失物：東南方尋找。
3. 問病：膀胱、腎氣不足、小腸症狀。

第九十五籤——張文遠求官（中平）

癸	戊

知君袖內有驪珠
生不逢辰亦強圖
可歎頭顱已如許
而今方得貴人扶

⊙解曰

功名	得意再修	疾病	誠求神恩
官司	風波無阻	家運	清吉可安
求財	利路可通	出外	近處方佳
婚姻	相剋難成	事業	知足可樂

【歷史典故】

張遼三國魏雁門馬邑人，字文遠，公元七八年至一三九年先後事丁原董卓呂布，布敗歸曹操，拜中郎將數有戰功守合肥破孫權。

東坡解	碧仙註
藏器待時　弄巧成拙　今當晚景　遇貴提挈 凡事謀望　名有時節　福祿勝前　自當發越	有財有祿有天福　時未來時且待姑 一旦有人垂手援　謀為萬事稱心圖

【解說】

知道你袖內藏有明珠，祇是生不逢辰勉強求之也沒有用的。可嘆到晚景，才能得到貴人的扶持。是時已衰老之年矣。名利才能遂意。惟順以俟之而已。無可奈何也。

註：莫貪求。時日較晚。將有神助。所望遂意。

1. 貴人：西北方。
2. 失物：東北方尋找。
3. 問病：心臟、眼目、精神、膀胱等症狀。

第九十六籤——山濤見王衍（上吉）

癸　己

婚姻子媳莫嫌遲
但把精神仗佛持
四十年前須報應
功圓行滿有馨兒

⊙解曰

功名	歡欣向榮	疾病	修養消失
官司	忍讓莫爭	家運	合家康泰
求財	順其自然	出外	可逢亨利
婚姻	和合如意	事業	春風得意

【歷史典故】

晉山濤字巨源河內懷人，器量不群，小與阮籍為竹林友，武帝朝為吏部尚書，薦拔人物王衍，少時山濤見之曰，何物老嫗生此寧馨兒，然悟天下蒼生首必此子也，衍字夷甫晉陽人，神姿高徹如瑤林瓊樹，官至司徒後為石勒所害。

東坡解	碧仙註
謀望雖遲終有所遇　福神相佑扶持門戶 終年運泰事宜進取　凡事稱心咸無憂慮	莫言來速與來遲　自要功名兩夾持 但看平生多少力　晚來忽報事皆宜

【解說】

不要嫌婚姻子息來得遲，只要心平和氣與謙和溫文，則神佛必扶持保佑。四十年來所造成的因果，如今有了回應。因已功德圓滿獲得回報。將會喜獲麟兒，弄璋瓦之喜。必會有光大門楣滿堂光輝的一天。

1. 貴人：東南方。
2. 失物：正南方尋找。
3. 問病：腎虛、耳、骨、膀胱、小腸、舌症狀。

第九十七籤——宋神宗誤圩牛頭山（上上）

癸 庚

五十功名心已灰
郡知富貴逼人來
更行好事存方寸
壽此岡陵位鼎台

⊙解曰

功名	金榜題名	疾病	醫必求良
官司	無訟為貴	家運	門庭光輝
求財	求則得之	出外	從心所欲
婚姻	心專自成	事業	利市明顯

【歷史典故】

漢朱買臣會稽人，家貧賣薪，自給行歌誦書，妻羞之求去，買臣曰吾年五十當富貴，即時自可報汝，妻不聽，適田夫後買臣果五十為會稽太守，妻與田夫治道迎官，買臣駐車呼之，以車載其夫婦舍園中給食一月，妻慚自縊與夫錢以葬之。

東坡解	碧仙註
功名進退　一旦逢時　逼人富貴　皆善所基 更行好事　相與扶持　壽高貴顯　大勝前時	天自有眼　人不能知 善惡報應　在人自持

【解說】

人到五十歲以後，體力衰退，鬥志力已不如往昔，那知道時運一到，富貴逼人來。只要你能夠正心行善，相信你會福壽延綿將星耀彩。而你的地位會更崇高。

註：此籤大器晚成。遲來的幸福。運勢在五十歲以後。

1.貴人：西北方。

2.失物：東南方尋找。

3.問病：肺、大腸、鼻、皮毛、小腸、舌症狀。

第九十八籤——薛仁貴投軍（下下）

癸	辛

經營百出費精神
南北奔馳運未新
玉兔交時當得意
恰如枯木再逢春

⊙**解曰**

功名	等待時機	疾病	症狀拖纏
官司	事多阻撓	家運	門庭冷落
求財	遭遇不佳	出外	忠恕路平
婚姻	選婚注意	事業	空費心力

【歷史典故】

唐薛禮字仁貴龍門人，應募投軍征高麗，白衣陷陣立奇功，太宗曰朕不喜得遠東，喜得將軍累官左武衛將軍，封河南縣男當拒突厥於天山，發三箭射殺三人突厥，懼遁軍中歌曰將軍二箭定天山，壯士長歌入漢關。

東坡解	碧仙註
營謀難力　況逢時否　奔北超南　百事未遂	買賣弗精神　求謀時運平
卯年月日　方可營計　轉瘁為榮　節節生意	卯年日月至　方得稱心情

【解說】

策劃許多的事情，耗費了許多的時間與精神，南北往還到處奔波。乃徒然無功。待到卯年月日（玉兔交時），方得名成利就。到那時就好像枯木逢春，繁榮茂盛了。

1.貴人：東北方。

2.失物：東南方尋找。

3.問病：肝、膽、眼、筋骨、小腸、脈症狀。

第九十九籤——班超歸玉門關（上上）

癸　壬

貴人遭遇水雲鄉
冷淡交情滋味長
黃閣開時延故客
驊騮應得驟康莊

⊙解曰

功名	勤則有功	疾病	靜養可痊
官司	順理可勝	家運	家慶平安
求財	豐登可望	出外	勤儉榮歸
婚姻	和合偕老	事業	盡力經營

【歷史典故】

百里奚宛人，初事虞公晉假途滅虢，知其將亡不諫，而先去之秦復為勝，逃隱於楚秦穆公，聞其賢以五千皮向楚贖回，授以國政秦自強盛，并國二十遂霸，西戎國人稱奚為五羖大夫。

東坡解	碧仙註
營謀難力　況逢時否　奔北超南　百事未遂 卯年月日　方可營計　轉瘁為榮　節節生意	買賣弗精神　求謀時運平 卯年日月至　方得稱心情

【解說】

在水雲瀰漫的地方悠然遨遊之地，遇見一位顯達的貴人。雖然只是平淡的君子之交，承蒙他派人來請我。我騎上赤色的駿馬馳騁在那康莊大道上。

註：此籤當事人遇上貴人。可得貴人提拔。踏上成功之路。

1. 貴人：正北方。
2. 失物：正南方尋找。
3. 問病：心臟、小腸、舌、心律不整等症狀。

第壹百籤——唐明宗禱告天（上上）

癸 癸

我本天仙雷雨師
吉凶禍福我先知
至誠禱告皆靈驗
抽得終籤百事宜

⊙解曰

功名	科甲名聲	疾病	終得安寧
官司	平安順利	家運	合家康泰
求財	進取有利	出外	四方俱利
婚姻	百年合好	事業	利市大進

【歷史典故】

唐明宗沙陀國人，後五代唐李克用之養子，登極之時年踰六十，每夕在於宮中焚香，祝天曰某本胡人因亂為眾所推，早生聖人為生民主事見十國世家。

東坡解	碧仙註
吉凶禍福　神先知得　凡百謀為　損中有益 數雖已終　週而復始　更修陰隲　神必佑矣	求事先難後易諧　吉凶禍福自修來 病安孕育終無事　更有風雲入壯懷

【解說】

我本是天仙雷雨師，吉凶禍福我先知。只要你誠心誠意來禱告，都會有靈驗的。恭喜你能抽得最後的第一百籤詩。保證你百事如意。

註：此籤：前數之終。後數之始。聚了前數之終。必豐盈豫大之而藏後數之始。則引伸無窮盡之意。當然百事皆宜皆吉。

1. 貴人：正東方。
2. 失物：正南方尋找。
3. 問病：心臟、小腸、脾、胃等症狀。

7.	中國名手名局賞析	沙舟編著	300 元
8.	日韓名手名局賞析	沙舟編著	330 元
9.	圍棋石室藏機	劉乾勝等著	250 元
10.	圍棋不傳之道	劉乾勝等著	250 元
11.	圍棋出藍秘譜	劉乾勝等著	250 元
12.	圍棋敲山震虎	劉乾勝等著	280 元
13.	圍棋送佛歸殿	劉乾勝等著	280 元
14.	無師自通學圍棋	劉駱生著	280 元

·象棋輕鬆學·品冠編號 69

1.	象棋開局精要	方長勤審校	280 元
2.	象棋中局薈萃	言穆江著	280 元
3.	象棋殘局精粹	黃大昌著	280 元
4.	象棋精巧短局	石鏞、石煉編著	280 元

·智力運動·品冠編號 691

1.	怎樣下國際跳棋國際跳棋普及教材(上)	楊永編著	220 元

·鑑賞系列·品冠編號 70

1.	雅石鑑賞與收藏	沈泓著	680 元
2.	印石鑑賞與收藏	沈泓著	680 元
3.	玉石鑑賞與收藏	沈泓著	680 元

·休閒生活·品冠編號 71

1.	家庭養蘭年年開	殷華林編著	300 元

·生活廣場·品冠編號 61

1.	366 天誕生星	李芳黛譯	280 元
2.	366 天誕生花與誕生石	李芳黛譯	280 元
3.	科學命相	淺野八郎著	220 元
4.	已知的他界科學	陳蒼杰譯	220 元
5.	開拓未來的他界科學	陳蒼杰譯	220 元
6.	世紀末變態心理犯罪檔案	沈永嘉譯	240 元
7.	366 天開運年鑑	林廷宇編著	230 元
8.	色彩學與你	野村順一著	230 元
9.	科學手相	淺野八郎著	230 元
10.	你也能成為戀愛高手	柯富陽編著	220 元
12.	動物測驗—人性現形	淺野八郎著	200 元
13.	愛情、幸福完全自測	淺野八郎著	200 元

14. 輕鬆攻佔女性　趙奕世編著　230 元
15. 解讀命運密碼　郭宗德著　200 元
16. 由客家了解亞洲　高木桂藏著　220 元
17. 從愛看人性　黃孚凱編著　220 元
18. 後宮生活秘辛　廖義森編著　230 元
19. 野史搜奇　廖義森編著　220 元

・血型系列・品冠編號 611

1. A 血型與十二生肖　萬年青主編　180 元
2. B 血型與十二生肖　萬年青主編　180 元
3. O 血型與十二生肖　萬年青主編　180 元
4. AB 血型與十二生肖　萬年青主編　180 元
5. 血型與十二星座　許淑瑛編著　230 元
6. 血型與職業　萬年青主編　180 元

・女醫師系列・品冠編號 62

1. 子宮內膜症　國府田清子著　200 元
2. 子宮肌瘤　黑島淳子著　200 元
3. 上班女性的壓力症候群　池下育子著　200 元
4. 漏尿、尿失禁　中田真木著　200 元
5. 高齡生產　大鷹美子著　200 元
6. 子宮癌　上坊敏子著　200 元
7. 避孕　早乙女智子著　200 元
8. 不孕症　中村春根著　200 元
9. 生理痛與生理不順　堀口雅子著　200 元
10. 更年期　野末悅子著　200 元

・傳統民俗療法・品冠編號 63

1. 神奇刀療法　潘文雄著　200 元
2. 神奇拍打療法　安在峰著　200 元
3. 神奇拔罐療法　安在峰著　200 元
4. 神奇艾灸療法　安在峰著　200 元
5. 神奇貼敷療法　安在峰著　200 元
6. 神奇薰洗療法　安在峰著　200 元
7. 神奇耳穴療法　安在峰著　200 元
8. 神奇指針療法　安在峰著　200 元
9. 神奇藥酒療法　安在峰著　200 元
10. 神奇藥茶療法　安在峰著　200 元
11. 神奇推拿療法　張貴荷著　200 元
12. 神奇止痛療法　漆 浩 著　200 元
13. 神奇天然藥食物療法　李琳編著　200 元

14. 神奇新穴療法	吳德華編著	200 元
15. 神奇小針刀療法	韋丹主編	200 元
16. 神奇刮痧療法	童佼寅主編	200 元
17. 神奇氣功療法	陳坤編著	200 元

・常見病藥膳調養叢書・品冠編號 631

1. 脂肪肝四季飲食	蕭守貴著	200 元
2. 高血壓四季飲食	秦玖剛著	200 元
3. 慢性腎炎四季飲食	魏從強著	200 元
4. 高脂血症四季飲食	薛輝著	200 元
5. 慢性胃炎四季飲食	馬秉祥著	200 元
6. 糖尿病四季飲食	王耀獻著	200 元
7. 癌症四季飲食	李忠著	200 元
8. 痛風四季飲食	魯焰主編	200 元
9. 肝炎四季飲食	王虹等著	200 元
10. 肥胖症四季飲食	李偉等著	200 元
11. 膽囊炎、膽石症四季飲食	謝春娥著	200 元

・彩色圖解保健・品冠編號 64

1. 瘦身	主婦之友社	300 元
2. 腰痛	主婦之友社	300 元
3. 肩膀痠痛	主婦之友社	300 元
4. 腰、膝、腳的疼痛	主婦之友社	300 元
5. 壓力、精神疲勞	主婦之友社	300 元
6. 眼睛疲勞、視力減退	主婦之友社	300 元

・休閒保健叢書・品冠編號 641

1. 瘦身保健按摩術	聞慶漢主編	200 元
2. 顏面美容保健按摩術	聞慶漢主編	200 元
3. 足部保健按摩術	聞慶漢主編	200 元
4. 養生保健按摩術	聞慶漢主編	280 元
5. 頭部穴道保健術	柯富陽主編	180 元
6. 健身醫療運動處方	鄭寶田主編	230 元
7. 實用美容美體點穴術＋VCD	李芬莉主編	350 元
8. 中外保健按摩技法全集＋VCD	任全主編	550 元
9. 中醫三補養生	劉健主編	300 元
10. 運動創傷康復診療	任玉衡主編	550 元
11. 養生抗衰老指南	馬永興主編	350 元
12. 創傷骨折救護與康復	鍾杏梅主編	220 元
13. 百病全息按摩療法＋VCD	王富春主編	500 元
14. 拔罐排毒一身輕＋VCD	許麗編著	330 元

15. 圖解針灸美容　王富春主編　350 元
16. 圖解針灸減肥　王富春主編　350 元

・健康新視野・品冠編號 651

1. 怎樣讓孩子遠離意外傷害　高溥超等主編　230 元
2. 使孩子聰明的鹼性食品　高溥超等主編　230 元
3. 食物中的降糖藥　高溥超等主編　230 元
4. 開車族健康要訣　高溥超等主編　230 元
5. 國外流行瘦身法　高溥超等主編　230 元

・少年偵探・品冠編號 66

1. 怪盜二十面相　（精）　江戶川亂步著　特價 189 元
2. 少年偵探團　（精）　江戶川亂步著　特價 189 元
3. 妖怪博士　（精）　江戶川亂步著　特價 189 元
4. 大金塊　（精）　江戶川亂步著　特價 230 元
5. 青銅魔人　（精）　江戶川亂步著　特價 230 元
6. 地底魔術王　（精）　江戶川亂步著　特價 230 元
7. 透明怪人　（精）　江戶川亂步著　特價 230 元
8. 怪人四十面相　（精）　江戶川亂步著　特價 230 元
9. 宇宙怪人　（精）　江戶川亂步著　特價 230 元
10. 恐怖的鐵塔王國　（精）　江戶川亂步著　特價 230 元
11. 灰色巨人　（精）　江戶川亂步著　特價 230 元
12. 海底魔術師　（精）　江戶川亂步著　特價 230 元
13. 黃金豹　（精）　江戶川亂步著　特價 230 元
14. 魔法博士　（精）　江戶川亂步著　特價 230 元
15. 馬戲怪人　（精）　江戶川亂步著　特價 230 元
16. 魔人銅鑼　（精）　江戶川亂步著　特價 230 元
17. 魔法人偶　（精）　江戶川亂步著　特價 230 元
18. 奇面城的秘密　（精）　江戶川亂步著　特價 230 元
19. 夜光人　（精）　江戶川亂步著　特價 230 元
20. 塔上的魔術師　（精）　江戶川亂步著　特價 230 元
21. 鐵人Q　（精）　江戶川亂步著　特價 230 元
22. 假面恐怖王　（精）　江戶川亂步著　特價 230 元
23. 電人M　（精）　江戶川亂步著　特價 230 元
24. 二十面相的詛咒　（精）　江戶川亂步著　特價 230 元
25. 飛天二十面相　（精）　江戶川亂步著　特價 230 元
26. 黃金怪獸　（精）　江戶川亂步著　特價 230 元

・武術特輯・大展編號 10

1. 陳式太極拳入門　馮志強編著　180 元
2. 武式太極拳　郝少如編著　200 元

3. 中國跆拳道實戰 100 例	岳維傳著	220 元
4. 教門長拳	蕭京凌編著	150 元
5. 跆拳道	蕭京凌編譯	180 元
6. 正傳合氣道	程曉鈴譯	200 元
7. 實用雙節棍	吳志勇編著	200 元
8. 格鬥空手道	鄭旭旭編著	200 元
9. 實用跆拳道	陳國榮編著	200 元
10. 武術初學指南	李文英、解守德編著	250 元
11. 泰國拳	陳國榮著	180 元
12. 中國式摔跤	黃 斌編著	180 元
13. 太極劍入門	李德印編著	180 元
14. 太極拳運動	運動司編	250 元
15. 太極拳譜	清・王宗岳等著	280 元
16. 散手初學	冷 峰編著	200 元
17. 南拳	朱瑞琪編著	180 元
18. 吳式太極劍	王培生著	200 元
19. 太極拳健身與技擊	王培生著	250 元
20. 秘傳武當八卦掌	狄兆龍著	250 元
21. 太極拳論譚	沈 壽著	250 元
22. 陳式太極拳技擊法	馬 虹著	250 元
23. 二十四式／三十二式太極拳／劍	闞桂香著	180 元
24. 楊式秘傳 129 式太極長拳	張楚全著	280 元
25. 楊式太極拳架詳解	林炳堯著	280 元
26. 華佗五禽劍	劉時榮著	180 元
27. 太極拳基礎講座：基本功與簡化 24 式	李德印著	250 元
28. 武式太極拳精華	薛乃印著	200 元
29. 陳式太極拳拳理闡微	馬 虹著	350 元
30. 陳式太極拳體用全書	馬 虹著	400 元
31. 張三豐太極拳	陳占奎著	200 元
32. 中國太極推手	張 山主編	300 元
33. 48 式太極拳入門	門惠豐編著	220 元
34. 太極拳奇人奇功	嚴翰秀編著	250 元
35. 心意門秘籍	李新民編著	220 元
36. 三才門乾坤戊己功	王培生編著	220 元
37. 武式太極劍精華＋VCD	薛乃印編著	350 元
38. 楊式太極拳(85 式)	傅鐘文演述	200 元
39. 陳式太極拳、劍 36 式	闞桂香編著	250 元
40. 正宗武式太極拳	薛乃印著	220 元
41. 杜元化＜太極拳正宗＞考析	王海洲等著	300 元
42. ＜珍貴版＞陳式太極拳	沈家楨著	280 元
43. 24 式太極拳＋VCD	中國國家體育總局著	350 元
44. 太極推手絕技	安在峰編著	250 元
45. 孫祿堂武學錄	孫祿堂著	300 元
46. ＜珍貴本＞陳式太極拳精選	馮志強著	280 元

47. 武當趙堡太極拳小架	鄭悟清傳授	250 元
48. 太極拳習練知識問答	邱丕相主編	220 元
49. 八法拳 八法槍	武世俊著	220 元
50. 地趟拳＋VCD	張憲政著	350 元
51. 四十八式太極拳＋DVD	楊 靜演示	400 元
52. 三十二式太極劍＋VCD	楊 靜演示	300 元
53. 隨曲就伸 中國太極拳名家對話錄	余功保著	300 元
54. 陳式太極拳五功八法十三勢	鬭桂香著	200 元
55. 六合螳螂拳	劉敬儒等著	280 元
56. 古本新探華佗五禽戲	劉時榮編著	180 元
57. 陳式太極拳養生功＋VCD	陳正雷著	350 元
58. 中國循經太極拳二十四式教程	李兆生著	300 元
59. ＜珍貴本＞太極拳研究	唐豪・顧留馨著	250 元
60. 武當三豐太極拳	劉嗣傳著	300 元
61. 楊式太極拳體用圖解(108 式)	崔仲三編著	400 元
62. 太極十三刀	張耀忠編著	230 元
63. 和式太極拳譜＋VCD	和有祿編著	450 元
64. 太極內功養生術	關永年著	300 元
65. 養生太極推手	黃康輝編著	280 元
66. 太極推手祕傳	安在峰編著	300 元
67. 楊少侯太極拳用架真詮	李璉編著	280 元
68. 細說陰陽相濟的太極拳	林冠澄著	350 元
69. 太極內功解祕	祝大彤編著	280 元
70. 簡易太極拳健身功	王建華著	180 元
71. 楊氏太極拳真傳	趙斌等著	380 元
72. 李子鳴傳梁式直趟八卦六十四散手掌	張全亮編著	200 元
73. 炮捶 陳式太極拳第二路	顧留馨著	330 元
74. 太極推手技擊傳真	王鳳鳴編著	300 元
75. 傳統五十八式太極劍	張楚全編著	200 元
76. 新編太極拳對練	曾乃梁編著	280 元
77. 意拳拳學	王薌齋創始	280 元
78. 心意拳練功竅要	馬琳璋著	300 元
79. 形意拳搏擊的理與法	買正虎編著	300 元
80. 拳道功法學	李玉柱編著	300 元
81. 精編陳式太極拳拳劍刀	武世俊編著	300 元
82. 現代散打	梁亞東編著	200 元
83. 形意拳械精解（上）	邸國勇編著	480 元
84. 形意拳械精解（下）	邸國勇編著	480 元
85. 楊式太極拳詮釋【理論篇】	王志遠編著	200 元
86. 楊式太極拳詮釋【練習篇】	王志遠編著	280 元
87. 中國當代太極拳精論集	余功保主編	500 元
88. 八極拳運動全書	安在峰編著	480 元
89. 陳氏太極長拳 108 式＋VCD	王振華著	350 元
90. 太極拳練架真詮	李璉著	280 元

91. 走進太極拳 太極拳初段位訓練與教學法	曾乃梁編著	300 元
92. 中國功夫操	莊昔聰編著	280 元
93. 太極心語	陳太平著	280 元
94. 楊式太極拳學練釋疑	奚桂忠著	250 元
95. 自然太極拳<81 式>	祝大彤編著	330 元
96. 陳式太極拳精義	張茂珍編著	380 元
97. 盈虛有象 中國太極拳名家對話錄	余功保編著	600 元
98. 心意太極拳	馬琳璋等著	220 元
99. 太極解秘十三篇	祝大彤著	300 元
100. 陳式太極拳勁道釋秘－拆拳講勁	馬虹著	330 元
101. 太極拳入門	編輯部編	280 元
102. 詳解陰陽相濟的太極勁法（附 DVD）	林冠澄著	450 元
103. 武術對練和對抗健身	王建華等著	220 元
104. 楊式太極拳闡秘	龐大明著	300 元
105. 太極推手真傳	李亭全著	220 元
106. 楊式太極劍槍	楊槙華著	220 元
107. 吳式太極拳 37 式 健身和技擊作用	趙琴著	220 元
108. 意拳功法	謝永廣編著	280 元
109. 意拳散手	謝永廣編著	300 元
110. 中國・陳家溝陳氏太極拳術	陳正雷著	600 元
111. 最新版楊式太極拳、劍	楊振鐸著	500 元
112. 上善若水 中國太極拳名家對話錄	余功保編著	600 元
113. 蔣玉堃楊式太極拳述真 上卷	蔣玉堃著	500 元
114. 蔣玉堃楊式太極拳述真 下卷	蔣玉堃著	400 元
115. 混元太極炮捶 46 式	馮志強編著	280 元
116. 三十九式太極拳 勁意直指	張耀忠著	220 元
117. 太極拳能速成嗎	張武俊著	220 元
118. 太極纏絲功	王鳳鳴編著	220 元
119. 太極導氣鬆沉功	王方莘著	300 元
120. 楊式太極三譜匯真	路迪民著	350 元
121.〔趙堡太極〕秘傳兵器解讀	王海洲編著	220 元
122. 孫式太極拳四十九式（附 VCD）	孫庚辛編著	250 元

・彩色圖解太極武術・大展編號 102

1. 太極功夫扇	李德印編著	220 元
2. 武當太極劍	李德印編著	220 元
3. 楊式太極劍	李德印編著	220 元
4. 楊式太極刀	王志遠著	220 元
5. 二十四式太極拳（楊式）＋VCD	李德印編著	350 元
6. 三十二式太極劍（楊式）＋VCD	李德印編著	350 元
7. 四十二式太極劍＋VCD	李德印編著	350 元
8. 四十二式太極拳＋VCD	李德印編著	350 元
9. 16 式太極拳 18 式太極劍＋VCD	崔仲三著	350 元

大展好書　好書大展
品嘗好書　冠群可期

大展好書　好書大展
品嘗好書　冠群可期